SOCIAL COMMUNITY BRAND

つながりを科学する
地域コミュニティブランド

はじめに

　必要以上に管理されない、自由・平等・対等で、自律的なネットワーク社会を構築したい。これが1998年に世界初のP2P（Peer to Peer）の一つであるブローカレス理論を提唱したそもそもの動機である。筆者がNTT研究所の主任研究員として次世代のネットワーク理論を研究していた36歳のときである。

　P2Pは、ネットワーク上の動作実体の嗜好・価値観・動作環境・状況等のさまざまな属性に従って、互いにふさわしい相手とコラボレーション可能なネットワーク上の仮想社会を、ブローカレス（仲介者レス）に構築することを狙いとしている。つまり、インターネット上に分散して存在するコンピュータ資源をブローカレスに繋げるための仕組みが、P2P（ブローカレス理論）なのである。

　1998年から2000年ごろまでを振り返ってみると、P2Pという新たな概念を理解してもらうために多大な労力と時間を費やしたが、周囲の理解を得ることさえ困難だったことが思い出される。

　そして、P2Pの考え方を真に理解してもらうためには、2000年のGnutella登場を待たなければならなかった。このとき、新しい革新理念の理解と普及には、情熱や多大な努力とともに、タイミングが何より重要であることを実感した。

　2000年以降、P2Pが社会現象やICTのトレンドになるに

つれて、P2Pの実現技術であるブローカレス理論も世界的に注目されるようになり、多くのP2Pサービスの実現に向けて利用されるようになった。

たとえば、NTT西日本は、ブローカレス理論を用いたNTTフレッツ光「グリッドサービス」を商用化した。ネットワーク（フレッツ光）につながった膨大な数のパソコンを活用し、スパコン並みの計算能力を実現させた。これは、遺伝子の構造解析、気象予測、さらに小惑星探査機「はやぶさ」が持ち帰った小惑星イトカワのデータ解析などに利用されたのである。

このようなP2Pを、地方創生、地域活性化、コミュニティビジネスの創発、地域活性化の基盤づくりなどに役立てたい。この思いが2011年の地域コミュニティブランドの考案に繋がった。個人所有のパソコンを繋いだように、「地域おこしに関わる人々や地域資源がブローカレスに結びつき、自発的に取り組みを進めることで、最大限の効果発揮を図る。そして、モノではなく、その取り組みや繋がりなどのブランド化を目指す」という地域コミュニティブランドの発想が誕生したのである。距離を縮めるための通信手段として生まれたバーチャルな

1980年代	マルチメディア
1990年代	ユビキタス
2000年代	P2P
2010年代 後半	IoT　AI ブロックチェーンでP2Pが再ブーム

ICTの歴史

世界のICT技術を、リアルな地域の活性化に役立てようという、発想の転換から生まれた地域コミュニティブランドの研究により、これまでにない新しいコミュニティビジネスの形が生まれることを目指しているのである。

　それでは、P2Pをより深く理解するためにICTの歴史を振り返ってみよう。ICTのトレンドとしては、1980年代に、文字、音声、動画などを統一的に扱うマルチメディアが登場した。1990年代になると、いつでも、どこでもコンピュータネットワークを利用可能なユビキタスが注目されるようになった。そして、2010年代は、ありとあらゆるものがインターネットに繋がるIoTや人工知能AIの時代と言われている。このようなICTのトレンドの中、2000年代にP2Pが大きなブームになったのである。

　一方、P2Pの歴史としては、1998年に世界初のP2P技術の一つであるブローカレス理論が提唱された。また、ブローカレス理論をソフトウエアとして実装したP2Pプラットフォームとして、NTTのSIONet（シオネット）が開発された。2000年になるとGnutellaなどのファイル交換ソフトが大流行し、著作権問題などの社会現象を引き起こした。そして、2004年にスカイプやSNSが登場し、P2Pの可能性に対して大きな注目が集まるようになったのである。また同時期の2004年に、SIONetを用いたP2Pサービス「NTTフレッツ光：ひかりグリッド」も登場した。

　「２位じゃダメなんですか？」で有名になったあのスーパー

1998年	ブローカレス理論の提唱、SIONetの登場
2000年	ファイル交換サービスが社会現象
2004年	スカイプ(Sky P2P)、SNSの登場
2004年	NTTフレッツ光：ひかりグリッドの登場
2009年	仮想通貨の分野でブロックチェーンが登場
2011年	地域コミュニティブランド(SCB)の登場
2016年	IoT・フォグコンピューティングの分野でブロックチェーンを活用
2017年	地域活性化プラットフォームの構築にブロックチェーンを活用

P2Pの歴史（コンピュータ資源から地域資源・IoT資源の繋がりへ）

コンピュータ。スーパーコンピュータは、体育館よりもずっと大きな建物に構築・設置され、建物自体が一つの高性能なサーバとして振る舞うトップダウン型・中央集権的なコンピュータである。そのため、建設費に1000億円、運営費に年間100億円程度を要することも珍しくない。

これに対して、ひかりグリッドは、フレッツ光に加入しているユーザ端末（パソコン）を、P2P技術、すなわちブローカレス理論・SIONetによって、ブローカレスに繋げることで、仮想的なスーパーコンピュータを構築した。このひかりグリッドは、国立遺伝学研究所でのDNA分析や、小惑星探査機「はやぶさ」が小惑星イトカワから持ち帰った惑星探査データの解析などに利用された。

2009年には、Fintechの分野において、ビットコインなどの仮想通貨の中核技術であるブロックチェーンと呼ばれるP2P技術が登場した。このブロックチェーンは、2018年の

時点においても、仮想通貨のブームとともに大きな注目を集めている。

　2011年、P2Pを地域活性化に活用することを目的として、地域資源をブローカレスに管理、繋げるための手法である地域コミュニティブランドが提唱された。また、近頃では、地域コミュニティブランドのフィージビリティとして、ブロックチェーンを用いた地域活性化プラットフォーム（地域活性化のための共通基盤）の構築などが計画されている。

　そして、IoTデバイス・IoTサービスなどのIoT資源を相互接続・相互運用することを目的としたフォグコンピューティングにおいても、ブロックチェーンなどのP2P技術が用いられている。これに関しては、総務省のスマートシティ相互接続実験の一つとして、フォグコンピューティングを用いた「日本とEU間でのIoTデバイスの相互利用、相互接続実験」を推進するFed4IoT諮問委員会が組織化されるとともに、2018年に相互接続・相互運用実験がスタートした。

　このようにP2Pが誕生して早20年、P2Pはコンピュータ資源の繋がりから、地域資源、IoT資源の繋がりへと、その用途は拡大し成長を続けていることから、「異分野イノベーション」のためのキーテクノロジーとして位置づけることができる。

　そして、2020年代は、「IoT×P2P×AI」の時代であると考えている。この「IoT×P2P×AI」による地域活性化が新たなステージを迎えることを願うとともに、本書がその一助となれば幸いである。

本書の構成は次の通りである。
第Ⅰ部の「SCB理論」において、最初に、地域にプラットフォームを導入することの有効性について述べる。プラットフォームを地域の課題解決に活用すること、地域の活動をプラットフォーム上で展開することで、活動の効率化・高品質化、活動から得られる知見の共有化、地域資源の繋がりの可視化、活動の連携の容易化が図られることについて言及する。

　次に、プラットフォームの構築・運営方法について述べる。その構築方法として、地域資源の繋がり方を5つのモデルに体系化し、その中でも「セミピュアモデル」と呼ばれる構築方法（トポロジー）が最も有効であることを示す。

　最後に、地域資源の繋がりを作るためには、地域資源を仮想化することが有効であり、仮想化することで地域資源の繋がりを加速化できることについて述べる。

　地域資源の効率的な繋がりを形成するためには、地域資源の繋がりを科学する（学術的に論ずる）必要があり、科学するための手段として、地域コミュニティブランドでは、地域資源の繋がりを「仮想化＋体系化＋可視化」する手法を提案している。

　これにより、地域コミュニティブランドの目的である地域に分散して存在する地域資源をピアとして仮想化し、ピア同士をブローカレスに繋げることで、地域活性化のための共通基盤となる「地域活性化プラットフォーム」を構築することが可能になるのである。

　なお、地域コミュニティブランドでは、コンピュータ資源、

地域資源、IoT資源、教育資源などのさまざまな資源を、ピアとして仮想化し、体系的に繋げ、可視化することにより、「異分野イノベーション」を起こすことができる。これを「発火」という。

　第Ⅱ部の「地域活性化に役立つICT理論」においては、新たな概念であるブローカレス理論、地域コミュニティブランドの本質を理解する上で必要となる、概念（コンセプト）を拡散することの大切さやその威力、新たな概念を理解してもらうことの難しさについて述べる。ブローカレス理論も当初は、WWWと同様にその本質が理解されず、注目されることはなかった。

　次に、新たな概念を創出するためには新たな発想、発想の転換が必要であることを、RSA暗号方式を例に解説する。また、機能、モノ（組織）、技術よりも、活動や概念の方が寿命の長いこと、概念・活動がモノや機能を生み出す源泉であることを、オブジェクト指向を例に解説する。

　さらに、新たな概念を創出するためには、本質を見極めることが重要であること、ものごとの本質とは何かということを、リーマン予想を例に説明する。

　最後に、地域コミュニティブランドの基になったICT理論であるP2P（ブローカレス理論）について解説する。
第Ⅲ部の「SCBプロジェクト」において、SCB理論を用いた地域活性化、コミュニティビジネスの創発に関する全国の取り組みやプロジェクトを紹介する。

　　　　　　　　　　　　　　　　　　星合隆成（工学博士）

CONTENTS

はじめに 2

目次 9

第Ⅰ部 SCB理論 13

1. SCBの定義 14

SCBの狙い 14

SCB誕生の背景と問題認識 17

Summary 22

2. プラットフォーム導入の狙い 23

繋がりを可視化 30

Summary 33

3. プラットフォームの構築・運営方法 34

「イトコ」 35

繋がりを体系化 37

サーバント 50

スケーラビリティ（評価指標） 51

プラットフォームの安定度（評価指標） 55

プラットフォームの全国網　60
　　Summary　63
　4．地域資源の仮想化　65
　　繋がりを仮想化　65
　　機能の繋がりとして仮想化　67
　　モノの繋がりとして仮想化　69
　　活動の繋がりとして仮想化　73
　　モノをブランディング：死の谷を越える　76
　　活動をブランディング：概念を拡散　79
　　内ベクトルと外ベクトル　85
　　Summary　89
COFFEE BREAK ①　92
　優れたソフトウエアとは？　寿命が大切
COFFEE BREAK ②　94
　新たな概念は理解されにくいが……
COFFEE BREAK ③　101
　ソフトウエア開発手法　「概念」が開発のはじまり
COFFEE BREAK ④　102
　カプセル化とインタフェース：仮想化
COFFEE BREAK ⑤　104
　ツイッターのリツイートはハイブリッド型

第Ⅱ部　地域活性化に役立つICT理論　107
　1．オブジェクト指向：寿命とピア設計　108
　　Summary　115
　2．公開鍵暗号：発想の転換　116
　　Summary　121
　3．リーマン予想：物事の本質　122

Summary　128
- **4. WWW：繋がる**　129
　　Summary　136
- **5. P2P：ブローカレスな世界を実現**　137
　　ブローカレス理論の歴史　137
　　ブローカレス理論の概要　141
　　フレッツ光サービスへの提供　156
　　愛知万博への出展　163
　　病院間連携システムを開発・運営　167
　　博報堂とのSNS実証実験　171
　　NPO法人KAINと連携した取り組み　173
　　Summary　180

COFFEE BREAK ⑥　182
　クライアントサーバモデルの詳細

COFFEE BREAK ⑦　186
　ブローカレス理論とSIONetのコンセプト

COFFEE BREAK ⑧　196
　冷蔵庫×P2P（SIONet）

COFFEE BREAK ⑨　198
　ブロックチェーンで地域活性化PFを構築

COFFEE BREAK ⑩　200
　ブロックチェーンと囲碁

COFFEE BREAK ⑪　202
　理論は羅針盤

COFFEE BREAK ⑫　204
　フォグコンピューティング

第Ⅲ部　SCBプロジェクト　207

1. SCBによる熊本市地域経済活性化委員会（熊本県）　208
2. 宮崎県立小林秀峰高校（宮崎県）　214
3. nunotech（布テク）（群馬県）　216
4. eDo（東京都）　219
5. 雑誌「LIRY」（福岡県）　222
6. お笑い番長（福岡県）　224
7. 熊本市主催競輪コンテスト（熊本県）　226
8. SCB起業塾（熊本県，群馬県）　228
9. SCB放送局新市街スタジオ（熊本県）　230
10. Binnovative（米国マサチューセッツ州）　236
11. その他の活動　241

COFFEE BREAK ⑬　246
　オープンイノベーション

COFFEE BREAK ⑭　250
　地域コミュニティブランド誕生の背景

COFFEE BREAK ⑮　252
　スーパーマーケットと御用聞き社会

COFFEE BREAK ⑯　256
　SCBストーリー

演習ノート　260

むすび　262

関連サイト　270

参考文献　272

取得特許　276

第Ⅰ部
SCB理論

1 SCBの定義

SCBの狙い

2011年に提唱された地域コミュニティブランド（SCB：Social Community Brand）は、地域活性化、コミュニティビジネス創発のための新たな理論であり、これまでに、全国50ヶ所でSCB理論を用いた地域活性化の活動や実証実験が進められている。

地域コミュニティブランドの基本的なアイデアは、世界初のP2P技術であるブローカレス理論（1998年考案）を用いて、地域における人的ネットワークを構築し、そこから地域活性化やコミュニティビジネスの創発を図ることにある。

ブローカレス理論では、コンピュータ資源を自律分散協調の

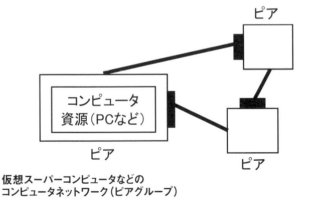

**仮想スーパーコンピュータなどの
コンピュータネットワーク（ピアグループ）**

最小単位であるピアとして仮想化し、ピア同士をブローカレスに繋げることで、緩やかでフレキシブルなコンピュータネットワーク（ピアグループ）を低コストで構築することを可能にした。

たとえば、NTTフレッツ光グリッドサービスにおいては、フレッツ光に加入しているパソコン（PC）をピアとして仮想化し、ピア同士をブローカレスに繋げることで、低コストでの仮想的なスーパーコンピュータを構築した。この仮想スーパーコンピュータは、はやぶさが惑星イトカワから持ち帰った探査データの分析や、国立遺伝学研究所でのDNA分析などの商用サービスとして実用化された。

これに対して、地域コミュニティブランドでは、地域に分散

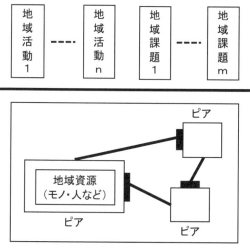

地域活性化プラットフォーム（ピアグループ）

して存在する地域資源をピアとして仮想化し、ピア同士をブローカレスに繋げることで、地域活性化のための共通基盤となる「地域活性化プラットフォーム」を構築することを提案している。そのため、地域コミュニティブランドでは、地域資源そのものよりも地域資源の「繋がり」にこそ価値があると考える。

つまり、地域の活動や地域課題の解決を、ゼロから一つずつ実施するのではなく、地域活動や地域課題解決を効率的に行えるように、地域活性化のためのプラットフォームを、地域資源の繋がりによって、予め構築しておくのである。

この地域活性化プラットフォームを活用することにより、地域活動や地域課題の解決が容易になる一方で、地域活性化プラットフォームの構築や持続的な運営に多大な労力やコストを要するようでは本末転倒になる。そこで、地域コミュニティブランドでは、ブローカレス理論（P2P）を用いて、地域資源をブローカレスに繋げることで、持続的な地域活性化プラットフォームを低コストで構築・運営する手法を提案しているのである。

本編では、地域コミュニティブランドの定義である「地域資源をピアとして仮想化し、ピア同士をブローカレスに繋げることで、地域活性化のための共通基盤となる地域活性化プラットフォームを構築する」ことを学術的に定義するために、
①プラットフォーム論
　プラットフォームを導入することの効果について（可視化）
②オブジェクト指向方法論

地域資源をピアとして仮想化する手法について（仮想化）
③P2P（ブローカレス理論）
ピア同士をブローカレスに繋げる手法について（体系化）
について詳述する。

我々は、プラットフォーム論、オブジェクト指向方法論、P2PなどのICT理論を地域活性化に活用・応用する取り組みを総称して「地域コミュニティブランド」と呼んでいる。

これは、ICTを単なる情報発信ツールやコミュニケーションツールとして利用するのではなく、数ある業界の中で、最も成長・成功した業界の一つであるICT業界を支えるICT理論の「本質（エッセンス）」を地域活性化に活用すべきではないかとの着想から生み出されたものである。成功するには、「成功するだけの理由がきっとそこに存在するはずだから」。

そして、本書を通じて、繋がりを理論的に考察すること、地域活性化に理論を導入することの大切さを学ぶ。それは繋がりを体系化、可視化、仮想化することであり、地域コミュニティブランドにおいて最も重要な概念となる。

SCB誕生の背景と問題認識

地方創生は、内閣がかかげる重点政策の一つで、地方の自律的な活性化を促すための取り組みを意味する。各地域が、それぞれの特徴を活かした自律的で持続的な社会・地域コミュニティを醸成し、そこから地域活性化やビジネスの創発を促すことが重要になる。これまでも、ICTを活用した地域情報化や地域

活性化が進められてはいるが、必ずしも成功したとは言えない。

その原因を、地域コミュニティブランド（ブローカレス理論）では次のように位置づけている。

①地域コミュニティの構築・運営形態

これまではトップダウン・中央集権的な地域コミュニティ、もしくはボトムアップ・フラットな地域コミュニティのいずれかの構築・運営形態が一般的であった。ここでは、前者をクライアントサーバモデル、後者をピュアモデルと呼ぶ。クライアントサーバモデルでは、地域コミュニティの構築・運営者に相当するサーバがコネクタとなることで、コミュニティの構成員であるクライアントを互いに繋げる必要があるため、そのためのコストの高さや、サーバがダウン・退去してしまうと地域コミュニティが崩壊してしまうといった持続性に問題があった。また、地域コミュニティのメンバーであるクライアントの数が増加するとサーバの応答時間が長くなる、サーバがオーバーフローしてしまうなどのスケーラビリティ（規模拡張性）に大きな課題を有していた。

一方、ピュアモデルは、すべてのクライアントがコネクタの役割を果たすことにより、サーバの存在を前提としなくても低コストでスケーラビリティの高い地域コミュニティを構築・運営可能である。しかしながら、クライアントの数が増加すると、地域コミュニティに参加しようとするインセンティブや、地域コミュニティのトラスト（信用）の確保が困難になる。そのため、コミュニティが無法地帯になってしまう、崩壊してし

まうなどの問題を有していた（アエラ、2004）(ITmedia、2004)(INTERNET Watch、2005)。なお、文献情報に関しては「参考文献」において記述している。

このような理由から、両モデルの問題点を改善した新たなモデルの登場が望まれていた。そこで、地域コミュニティブランドでは、地域コミュニティの形成にブローカレス理論が提案するセミピュアモデル、芋づる式（同時参加モデル）、「イトコ」の概念を採用することで問題解決を図った。

②モノのブランディング

これまでのブランディングは、「モノ」のブランディングが一般的であった。たとえば、「企業」「組織」「商品」「地域」「サービス」「人」「イベント」「建造物」などのモノの価値（安心・信頼、共感など）やモノに対するイメージ（高級感、クールなど）を高めること、そのモノの存在や価値を広くユーザに知ってもらうこと、最終的にモノを利用・購入してもらうことなどがその主な目的であった。

しかしながら、資金力のある企業や有名な地域においては有効であったモノのブランディングも、資金力、労力、知名度の乏しい地域、疲弊した地域においては、以下の理由から大きな負担になっていた。

・モノのブランディングを成功させるためには、大きなコストと長い時間を必要とする。

・寿命の短いモノのブランディングはコストパフォーマンスが悪い。ICT理論の一つであるオブジェクト指向方法論によれ

ば、モノ（オブジェクト）は機能よりも寿命が長い。しかしながら、活動やその概念はモノよりもさらに寿命が長い。そこで地域コミュニティブランドでは、「モノ」ではなく、より寿命の長い「活動」に対してブランディングを行う。

・地域コミュニティブランドでは、モノよりもブローカレスな繋がり（ブローカレスな地域コミュニティ）を大切な商品であると考える。つまり、繋がりが最も大切になるが、モノのブランディングではその繋がりを形成しにくい。活動の方が繋がるための物語を作りやすい、発信力・拡散力が強い、共感や思わぬ発火を生みやすいなど、繋がるための威力が大きい。

③課題解決型

これまでの地域活性化、コミュニティビジネスのアプローチとしては課題解決型が用いられることが一般的であった。この課題解決型はOSが存在しない時代にゼロからシステムを構築したように、ゼロから課題をトライ＆エラーで解決しなければならないことから、コストや期間が多大になる、重複した活動が発生する、品質が向上しない、活動間でのノウハウの共有・連携が困難である、といった以下のような問題を有していた。

・個々の課題に対してキメ細かな対応が必要なため、多大な労力、コスト、時間を必要とする。

・個々の課題に対して個々に対応するために、類似の活動が連携することなく多数、重複して存在する。

・類似の活動が多数存在し、それらが互いに連携してブラッシュアップされることがないため、個々の活動の品質が低くなり

やすい。

・個々の課題に対して、それぞれが個々の対応を施すためノウハウの共有や活動の連携が困難である。

・多種多様な課題が存在するため、成功、失敗の要因分析やフィードバックを十分に行えない。または、フィードバックを行う先がない。そのため、単なる成功体験や失敗体験の事例報告となる場合が多い。そのため、成功事例報告会などが開催されることが多い。

・実施者の情熱や能力に左右されやすい。実施者や地方自治体の支援がなくなった時点で、自然消滅してしまう事例が多数存在する。

　この問題を解決するために地域においてもOSのようなプラットフォームを導入することが必要になるが、一方で、プラットフォームの導入自体が地域での負担にならないような配慮や仕組みが必要になる。

　コンピュータ資源を直接つなげることは困難であった。そこで、これまでは仲介者（サーバ）を介してコンピュータ資源同士をつなげた。仲介者を介さず、コンピュータ資源同士をつなげるためには、コンピュータ資源を仮想化（ピア化）する必要があった。同様に、地域資源同士を直接つなげることも困難であり、一方で仲介者を介して、地域資源同士をつなげることの弊害も問題になっていた。そこで、地域資源を仮想化（ピア化）することで、直接つなげることが必要になったのである。

summary

・地域コミュニティブランドは、地域活性化、コミュニティビジネス創発のための新たな理論である。

・世界初のP2Pであるブローカレス理論を用いて、地域における人的ネットワークを構築する（緩やかで、フレキシブルで、低コストでのネットワーク）。

・P2Pでは、コンピュータ資源をピアとして仮想化するが、地域コミュニティブランドでは、地域資源をピアとして仮想化する。

・地域コミュニティブランドの目的は、地域資源をピアとして仮想化し、ピア同士をブローカレスに繋げることで、地域活性化のための共通基盤となる地域活性化プラットフォームを構築することである。

・地域資源そのものよりも、地域資源の「繋がり」にこそ価値があると考える。

・持続的な地域活性化プラットフォームを低コストで構築、運営する。

・ICT理論を地域活性化に活用する取り組みを総称して「地域コミュニティブランド」と呼ぶ。

・繋がりを体系化、可視化、仮想化することで、繋がりを理論的に考察する。

2 プラットフォーム導入の狙い

 1940年代に実用的なコンピュータが登場して以来、コンピュータやインターネットに代表されるICTシステムは飛躍的な進歩を遂げている。ICTシステムが近年の我々の生活を支えているといっても過言ではない。ありとあらゆる所にコンピュータが導入され、コンピュータはネットワークを介して相互接続されている。そしてコンピュータを利用するためのプログラムが無数に開発されている。

 このICTシステムが爆発的な普及を遂げ、我々の生活に欠かせないものになった最大の要因は、ICT業界がプラットフォーム(共通基盤)の導入を積極的に進めてきたことにある。

 たとえば、1960年代に導入されたOS(オペレーティングシステム)がその好例だ。サーバ系で用いられるUNIX(ユニックス)、パソコンならWindows(ウィンドウズ)、スマートフォンのAndroid(アンドロイド)などが代表的なOSとして有名である。これらはいずれも米国産であるが、かつて日本においてもTRON(トロン)と呼ばれる国産のOSが一世を風靡した。パソコン、携帯電話、ネットワークノード(交換機やルータ)などのたくさんのコンピュータ機器やネットワーク機器にTRONが利用されていたのである。

 さて、ICT業界におけるプラットフォームの一つであるOS

が導入される前のICTシステムでは、分野ごとにそれぞれのICTシステムをゼロから構築することが一般的であった。たとえば、文書入力システム、ゲームシステム、映像システムなど、分野ごと、システムごとに一体型のICTシステムを構築することが一般的であった。そのため、次のような問題が存在していた。

①開発規模が大きくなるために、開発コストや開発期間が多大になる。

②分野ごとに独立にシステムを開発するために、重複した開発や無駄な開発が発生する。

③分野ごとに独立にシステムを開発するために、システムの品質が向上しない(バグがなくならない)。

④分野間でのノウハウの共有が困難である。ノウハウのフィードバック先が存在しない。

⑤分野ごとに独立にシステムを開発するために、システム間の連携が困難である。

　一方、ICT分野におけるプラットフォームであるOSの登場はこれらの問題を一気に解決した。プラットフォーム化の基本的な考え方は、ICTシステムを、「分野に共通の部分」と「分野固有の部分」からなる2階層のシステム構成にしたことである。この分野共通の部分がOSと呼ばれ、一方、分野固有の部分がアプリケーション(応用・適用の意)と呼ばれる。分野に特化したものをアプリケーション(アプリケーションプログラム)として開発し、OS上で動作させることで容易にICTシス

テムを開発することが可能になったのである。つまり、プラットフォーム化の進展により、アプリケーションを開発するだけで、すべての分野に容易にICTシステムを導入することが可能になった。

このプラットフォームは、各システムの共通的な基盤として用いられることから、各システムの最大公約数となるように設計される必要がある。この設計を誤ると、特定の分野や特定のシステムにしか利用できない、アプリケーション開発の負担が減らずにプラットフォームとして機能していない、といった問

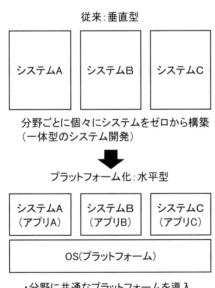

OSを用いたシステム開発

題が発生してしまう。

　つまり、プラットフォーム化とは標準化の歴史そのものであり、近年この考えをさらに進めたものがクラウドである。クラウドは、コンピュータハードウエア、OS、アプリケーション、サービス、データなどをプラットフォーム化し、ネットワークを介して、必要なときに、必要なだけ利用しようとする新たなネットワークサービスである。このクラウドの登場により、誰もが簡単にアプリケーションを開発することが可能になった。以前は、アプリケーションの開発のために、ハードウエアやネットワーク、OSなどの高度な専門知識が要求されたが、現在では数ヶ月程度の学習でアプリケーション開発が可能になった。

　一方、振り返って、地域を眺めてみたとき、地域活性化やコミュニティビジネスのための標準化やプラットフォーム化という考え方が希薄であることに驚かされた。ICT業界と比べるまでもなく、地域は、標準化が最も遅れた「業界」なのである。1960年代のICT業界と大差ないのだ。

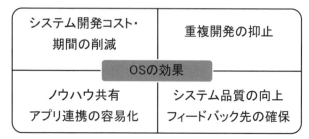

OSの効果

これまでの地域活性化やコミュニティビジネスの創発には、「課題解決型」と呼ばれる手法が主に用いられてきた。課題解決型では、最初に、地域を観察することにより、地域に存在する課題や活動の問題点を抽出、洗い出す。そして、それらを体系的に整理することで課題の本質を明らかにする。その後、個々の課題の解決に向けて、具体的な方策やアイデアを一つ一つ提示していく。最後に、地方自治体、大学、企業、学生、NPO団体、市民などが互いに連携することでアイデアを実践する。このプロセスを繰り返し実行するのである。従って、ゴールは課題の解決にある。たとえば、近年注目されているアイデアソンと呼ばれる手法は、この課題解決型の一つの実践手法として位置づけられる。

　このように、課題解決型はOSが存在しない時代にゼロからシステムを構築したように、ゼロから課題をトライ＆エラーで解決しなければならないことから、ゼロから一体型の専用システムを開発することに相当する。そのため、課題を解決するまでのコストや期間が多大になる、重複した活動や無駄な活動が発生する、活動の品質が向上しない、活動間でのノウハウの共有が困難である、活動間の連携が困難である、ノウハウのフィードバック先の確保が困難である、といった問題を有していた。

　これまで、地域の課題は多種多様で、ニッチ・ロングテールなものが多いことから、これらを一元的に扱うのは困難であり、個々の課題を個別に解決するしかないと信じられてきた。つまり、中央集権や大企業が得意とする効率的な大量生産に対

して、手間暇をかけて、一つ一つ手作りで製品を作るイメージである。これが、多くの企業、営利団体、各分野のスペシャリストが地域活性化・地方創生に参入することへの障壁となっていた。あまりにも効率、コストパフォーマンスが悪いのである。

そこで、この課題解決型の問題点を解決する方法として、地域コミュニティブランドでは、プラットフォームの導入を提案している。ICTシステムにおけるOSなどに代表されるプラットフォームの考え方を地域活性化やコミュニティビジネスの創

従来:垂直型

課題解決型:活動や課題を個々に展開

プラットフォーム化:水平型

地域活性化アプリケーション

・プラットフォーム上に個々の活動や課題を展開
・特定の活動や課題に関する部分のみを課題解決型で解決
・プラットフォームが地域の課題を解決する(プラットフォーム上で地域の活動を展開する)

地域活性化プラットフォームを用いた地域活動

発に活かせないかと考えたのである。つまり、地域の活動を、すべての活動において共通的な部分（地域活性化プラットフォーム）と、活動固有の部分（地域活性化アプリケーション）との2階層に分けて構築するのである。この地域活性化プラットフォームがOSに相当し、地域活性化プラットフォームによって解決される課題や、地域活性化プラットフォーム上で展開される活動、すなわち地域活性化アプリケーションがシステムのアプリケーションプログラムに相当する。地域活性化プラットフォームの役割は、地域課題の解決や地域活動を展開する共通基盤としての役割を担うことであり、これにより、地域活性化プラットフォーム上で地域活動や地域の課題解決が展開されることになる。

　これまでの課題解決型に比べて、より低コスト・短期間で、簡単に地域の活動を展開できることになる。また、類似の活動の重複を少なくし、活動同士の連携やノウハウの共有も容易になることで、新たな発火やシナジー効果を期待できる。さらに、プラットフォームという知見等のフィードバック先を提供

活動の低コスト化 課題解決の時間削減	重複した活動の抑止 新たな発火・シナジー効果
地域活性化プラットフォームの効果	
ノウハウ共有 活動の連携の容易化	活動の品質の向上 可視化効果

地域活性化プラットフォームの効果

することで活動の品質を高めることが可能になる。

繋がりを可視化

　これらの効果は、地域活性化プラットフォームが地域活動の可視化の役割を果たしていることに他ならない。すなわち、地域活性化プラットフォームを導入することにより、地域の活動がプラットフォームを通じて可視化されることになり、その結果、様々なノウハウや知見を地域活性化プラットフォームに対してフィードバックすることが可能になり、活動の高品質化や効率化を達成できるのである。つまり、繋がりの可視化とは、地域資源が繋がった結果、そこから何が生まれたのか、どのようなシナジー効果があったのか、どのような貢献ができたのか、などを明らかにすることに他ならない。

　本章では、筆者が熊本市の中心市街地に2015年4月に開設したSCB放送局新市街スタジオにおいて推進しているプラ

SCB放送局新市街スタジオの外観と放送器材(1F)の様子

ットフォーム構想を紹介する。

　コワーキングスペース、シェアオフィス、レンタル会議室などは、場所や空間を提供するサービスである。これに対して、新市街スタジオでは、単なる場所の提供ではなく、場所・アクティビティ（活動）・人・アイデア・組織などの地域資源をブローカレス理論に基づいて有機的に繋げることで地域活性化プラットフォームを構築・運営している。

　具体的には、1Fに放送設備、2Fにアクティビティルームを有する新市街スタジオを拠点に、ICT、農業、起業、金融、医療、スポーツ、メディアなどをテーマとした約50のアクティビティ（活動）が存在し、それを運営する人・参加する人・支援する人、学生・市民・企業・行政等がブローカレスで有機的に繋がることで、地域活性化プラットフォームを形成し、これがプロモーション・ファンディング・ライセンシング、プレゼンテーション、コンサルティングなどの基本機能の提供を行っている。

　このようにして構築されたプラットフォーム上で、ICT、農業、起業、金融、スポーツ、メディアなど様々な活動を展開することで、地域活性化プラットフォームがこれらの活動の効率的な展開、地域課題の効率的な解決をサポートするとともに、活動同士の自然な繋がりを支援しているのである。

　ここで、ICT、農業、起業、金融、スポーツ、メディアなどの活動がプラットフォーム上で展開される活動であると同時に、プラットフォームを運営する運営者の役割も担っているこ

とに注意を要する。これは、サーバントと呼ばれるブローカレス理論（P2P）において重要な概念であるが、サーバントについては、第Ⅰ部3章において詳述する。

　なお、このようなプラットフォームが全国に点在し、さらにプラットフォーム同士がブローカレスで繋がることで、全国規模でのプラットフォーム構築が実現することを将来的に期待するものであるが、プラットフォームの導入自体が地域での負担にならないように、プラットフォーム自身もブローカレスで構築されることが重要である。

summary

・これまでの課題解決型は、ゼロからシステムを開発することに相当する。

・地域活性化プラットフォームと地域活動（地域活性化アプリケーション）は、それぞれ、OSとアプリケーションプログラムに相当する。

・地域活性化プラットフォームが地域の課題解決や、プラットフォーム上での地域の活動を展開する。

・地域活性化プラットフォームは、地域課題や地域活動の可視化の役割を担っている（繋がりの3要素は、繋がりの体系化、可視化、仮想化である）。これにより、地域資源の繋がりを科学することができる。

・地域資源の繋がりを地域活性化プラットフォームとして公開することで、地域資源の繋がりを可視化することができる。

・繋がりの可視化とは、繋がった結果、そこから何が生まれたのか、どのようなシナジー効果があったのか、どのような貢献ができたのか、を明らかにすることに他ならない。

・地域活性化プラットフォーム上で展開される地域活動は、プラットフォームを運営する役割も担う（サーバント）。

・全国的な地域活性化プラットフォームをトップダウン的に構築するのではなく、各地の地域活性化プラットフォームをブローカレスに繋げることで、ボトムアップ型で地域活性化プラットフォームの全国展開を図る。

・ICTには、情報共有・コミュニケーション、情報発信、仮想空間、仮想現実（VR）、拡張現実（AR）など様々なものがあるが、特にARは、地域コミュニティブランドにおいて大切な繋がりを可視化する技術として有効である。

3 プラットフォームの構築・運営方法

　地域コミュニティブランドは、地域資源をブローカレスに繋げることで、地域活性化のための共通基盤となる地域活性化プラットフォームを構築することを狙いとしている。ここで、地域資源とは、地域に存在する人、組織、団体、場所、施設、資金、アイデア、情熱、課題、活動など地域に存在するあらゆる資源を意味する。これらの地域資源が互いにブローカレスに繋がることで地域活性化プラットフォームが構築され、このプラットフォーム上で地域課題の解決や地域活動が展開されるのである。

　このように地域資源が地域活性化プラットフォームの構成要素、運営主体となることから、本書では、これらの地域資源をプラットフォーム運営者（PF運営者）もしくは地域資源提供

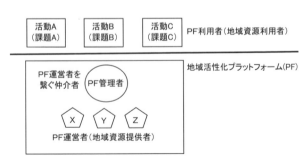

PF利用者・PF運営者・PF管理者の関係

者と呼ぶことがあるが、これは必ずしも人を意味するものではない。また、地域資源同士を繋げる仲介者(ブローカ)、すなわちPF運営者同士を繋げる仲介者をプラットフォーム管理者(PF管理者)と呼ぶ。

さて、地域活性化プラットフォームの導入により、地域活動の効率化や地域課題の解決が容易になるといった効果が得られる一方で、地域活性化プラットフォームの構築や持続的な運営に多大な労力やコストを要し、これが負担になるようでは本末転倒であり、プラットフォーム導入の意味がない。

そこで、地域コミュニティブランドでは、セキュアーな地域活性化プラットフォームを持続的かつ低コストで構築・運営するための3要素として、「イトコ」を提案している。

「イトコ」

「イトコ」の「イ」は、インセンティブを意味する。インセンティブとは、地域活性化プラットフォームの運営に参加しようとする動機、モチベーションであり、これがないと地域活性化プラットフォームの運営者、すなわち、地域資源の提供者を集めることができない。後述する「サーバント」と呼ばれる概念は、地域コミュニティブランドにおいて有効的なインセンティブの一つとして位置づけられている。

「イトコ」の「ト」は、トラストを意味する。トラストとは、プラットフォーム運営者、プラットフォームを構成する地域資源の信頼性、信用度のことである。個々のプラットフォー

ム運営者のトラストが保証されることで、地域活性化プラットフォーム全体のトラストが保証されることになる。そのため、プラットフォーム運営者のトラストの評価やそれに基づくプラットフォーム運営者の参加退去の選定が重要になる。特に、サーバントを実現する上で、トラストの考え方は重要になる。

「イトコ」の「コ」は、コネクタのことであり、プラットフォーム運営者の繋がり、地域資源の繋がりを「体系化」することを意味する。地域コミュニティブランドは、地域資源の繋がり方（トポロジー）を5つのタイプに分類し、その中でも、セミピュアモデルと呼ばれる繋がり方が、セキュアーで持続的な繋がりを低コストで実現できることを示した。これは、ブローカレス理論における「緩やかで柔軟な繋がりこそが、持続的な繋がりを低コストで生み出すことができる」との考え方に基づいている。

モデル 役割	(a) S (C/S)	(b) C/S	(c)ハイブリッド (a)+(b)	(d) ピュア	(e)セミピュア (a)+(b)+(c)
PF運営者 （地域資源提供者）	サーバ	クライアント	サーバ （クライアント）	クライアント	サーバ クライアント
PF管理者 （仲介者）	-	サーバ	サーバ	-	-

地域資源の繋がり方を体系化（PF運営者の繋がり方の分類）

繋がりを体系化

(a) サーバモデル（要求応答モデル）

　サーバモデルでは、サーバが地域資源を提供するPF運営者となることにより、地域活性化プラットフォームが構築運営される。一方、PF利用者はサーバに対して様々な要求・依頼を行うことにより、地域課題の解決や地域活動の展開を効率的に行う。

　このモデルは、サーバがプラットフォームの運営に参加しているすべての地域資源を一元管理するトップダウン型・中央集権的なモデルであることからトラストの高いプラットフォームを構築可能であるが、その反面、サーバがプラットフォームの運営を中止したり、運営から退去したりすると、プラットフォームの存在自体が崩壊してしまう。また、PF利用者の数が増えるとサーバの処理能力が飽和してしまうため、利用者に対する応答性が劣化する、オーバーフローを引き起こすなどの問題が発生する。そこで、PF利用者の増加に応じてサーバの処理能力を向上させる必要があるが、これが投資リスクへと繋がる

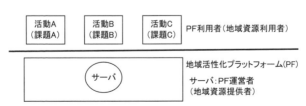

(a) サーバモデルに基づく地域活性化プラットフォームの構築・運営

など、持続性やコストの点に問題を有している。一般的に企業などがこのモデルを採用することが多い。

(b) クライアントサーバモデル

クライアントサーバモデルでは、クライアントが地域資源を提供するPF運営者になる。そして、サーバがクライアント同士を繋げるコネクタの役割を担うPF管理者となる。クライアントはサーバを介してのみ、クライアント間でのコミュニケーションが可能である。たとえば、クライアントXからの問い合わせに対して、サーバがクライアントYの情報を返却することでクライアントXとクライアントY間での直接的なコミュニケーションが可能になる。また、活動Aを遂行するために、サーバはクライアントYとクライアントZに指示を出すことで、クライアントYとクライアントZは協働して課題Aを解決することになる。

従って、サーバは永続的にコネクタの役割を果たす必要があ

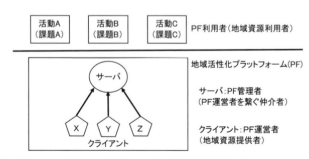

(b) クライアントサーバモデルに基づく地域活性化プラットフォームの構築・運営

り、サーバがダウンした時点ですべてのクライアント間でのコミュニケーションが不可能になる。そのため、サーバを持続可能にするためのコストが負担になることが多い。また、クライアントの数が増加するとクライアントに対する応答性が悪くなる、サーバがオーバーフローを起こす（サーバがボトルネックになる）、といった問題を有している。一方で、サーバがクライアントを管理しているためクライアントがプラットフォームに参加するインセンティブを与えやすい、プラットフォームのトラスト（信用）を醸成しやすいといった特長を有している。これは、1980年代前半に登場したモデルであり、現在においても広く活用されているが、中央集権的・トップダウン的なコミュニケーションモデルと言える。一般的に、コーディネータや行政、協議会などを中心とした地域活性化の取り組みにおいてこのモデルが採用されることが多い。

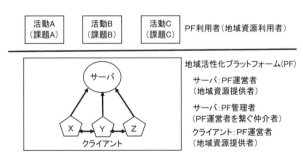

(c) ハイブリッドモデルに基づく地域活性化プラットフォームの構築・運営

(c) ハイブリッドモデル

ハイブリッドモデルでは、サーバが地域資源を提供するPF運営者となることにより、地域活性化プラットフォームが構築運営される。一方、PF利用者はサーバに対して様々な要求を行うことにより、地域課題の解決や地域活動の展開を効率的に行う。

たとえば、PF利用者からの要求をトリガに発生する、クライアントXからサーバへの要求・依頼に対して、サーバはクライアントXと協働して地域の課題を解決する。また、サーバはクライアントXを新たなPF運営者として登録するとともに、クライアントXに対してPF運営者としての権限を委譲する。

このとき、サーバに対してクライアントYからの新たな要求があると、サーバは自らが地域課題を解決するか、もしくは、新たなPF運営者となったクライアントXの存在をクライアントYに通知することで、クライアントYとクライアントXが協働することで地域課題の解決を図ることになる。後者のケースでのサーバは、PF運営者だけでなく、クライアントYとクライアントXを繋ぐ仲介者の役割を担うPF管理者の務めも果たすことになる。

このように、ハイブリッドモデルでは、サーバが直接的に地域課題を解決する場合もあれば、サーバを介してクライアント同士が直接コミュニケーションすることで、地域課題を解決する場合もある。従って、このモデルは、(a) サーバモデルと(b) クライアントサーバモデルを組み合わせたモデルといえ

る。そのため、サーバモデルに比してサーバの負荷を削減できる効果があるが、サーバがダウンするとすべてのサービスが停止する点は、サーバモデルやクライアントサーバモデルと同じである。これは、1998年に米国で登場したファイル交換サービスであるNapster（ナップスター）により世界的に有名になったモデルである。これは、一般的にフランチャイズ展開などとの親和性が高い。なお、ツイッターのリツイートやSNSのシェアはハイブリッドモデルとして位置づけられる。

(d) ピュアモデル

ピュアモデルは、非中央集権的・ボトムアップ型のコミュニケーションモデルである。ピュアモデルでは、地域資源の提供者であるクライアントがPF運営者として、サーバを介することなく、他のクライアントと直接的に繋がることで、地域活性化プラットフォームを形成・運営する。

これまでのように、クライアント同士を繋ぐサーバのような永続的なコネクタは存在しない。その代わりに、すべてのクライアントがコネクタの役割を果たし、それぞれが相互に繋がり

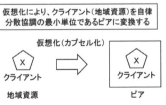

クライアントの仮想化

自律分散協調することで、クライアント間の直接的なコミュニケーションを可能にする。これをブローカレス（サーバレス）もしくはブローカレスモデル（サーバレスモデル）とも言う。

ピュアモデルでは、クライアントを自律分散協調の最小単位であるピアとして仮想化（カプセル化）することにより、クライアント（厳密にはピアであるがここではクライアントとして表現を統一）間での直接的なコミュニケーションが可能になるが、クライアントをピアに変換する方法については、次章の仮想化において詳述する。なお、クライアントをピアに変換する技術、ピア同士を相互に繋げる技術がP2P技術（ブローカレス理論）として位置づけられることになる。

ピュアモデルでは一部のクライアントがダウンしたり、プラットフォームの運営から退去したりしても、残されたクライアントが自己組織化することで地域活性化プラットフォームを再構築し、クライアント間のコミュニケーションを持続可能なものにする。つまり、持続的な地域活性化プラットフォームを提

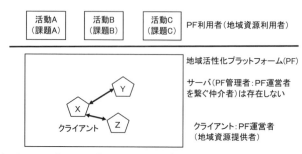

（d）ピュアモデルに基づく地域活性化プラットフォームの構築・運営

供し続けることが可能になる。また、全員がコネクタとしてサーバの役割を担うことにより、サーバのような永続的なコネクタの存在を前提としないフラットな繋がりを実現できるため低コストでの運営が可能になる。さらに、性能的にボトルネックとなりうるサーバが存在しないため、クライアントの数をスケーラブルに増やすことができる。つまり、スケーラビリティの高い地域活性化プラットフォームを構築することができる。

一方で、ピュアモデルはクライアントが自由に出入りできるフラットで緩やかな、フレキシブルな繋がりの地域活性化プラットフォームであり、さらに管理者が存在しないことから、安定的な地域活性化プラットフォーム運営、地域資源（クライアント）が地域活性化プラットフォームに参加することへのインセンティブの付与、地域活性化プラットフォームのトラストの保証などが問題になる。

このモデルは、1998年に提唱された世界初のP2P技術であるブローカレス理論や、2000年3月に登場し世界的に有名になったファイル交換ソフトであるグヌーテラ（Gnutella）が良く知られている。ピュアモデルは情報拡散力のすごさと、スケーラビリティの高さから社会的ブームとなったが、一方で著作権侵害を助長するファイル交換サービスなどのトラストの不備が社会問題を引き起こしてしまった。

このピュアモデルを地域活性化プラットフォームの構築に用いた場合、扱う地域資源（クライアント）の数が増えてくるとその問題が特に顕著になる。具体的には、プラットフォームの

コントロールが利かなくなり無法地帯となってしまう。このモデルは一般的にボランティアコミュニティとの親和性が高いが、たとえば、ボランティアメンバーが多くなるとボランティアコミュニティに参加することの目的・理念・共感などを共有することが困難になり、コミュニティが崩壊してしまうことが多い。

(e) セミピュアモデル

セミピュアモデルは、サーバモデル、クライアントサーバモデル、そしてピュアモデルを組み合わせた複合型モデルである。

サーバモデルではサーバが、クライアントサーバモデルとピュアモデルではクライアントがPF運営者の役割を担っていたが、セミピュアモデルでは、サーバならびにクライアントの両者がPF運営者としての役割を果たすことになる。

サーバとクライアントをピアとして仮想化（カプセル化）することで、サーバとクライアントをブローカレスで繋げることができる。たとえば、図「セミピュアモデルに基づく地域活性化プラットフォームの構築・運営」において、ピア$α$、ピア$β$、ピアX、ピアY、そしてサーバはピュア型のP2Pネットワークを形成している。一方、サーバとクライアントX、クライアントY、クライアントZはクライアントサーバモデルに基づいて繋がっている。

そのため、サーバは結果的に二つの顔を併せ持つことになる。

一つはピアとしての顔（役割）を持つことで、サーバはピア

α、ピアβ、ピアX、ピアYとピュア型のピアグループを形成する。

一方、サーバは、クライアントX、クライアントY、クライアントZに対しては、クライアントサーバモデルに基づくサーバの顔を見せる。つまり、クライアントX、クライアントY、クライアントZはサーバを介してのみ互いにコミュニケーションすることができる。

従って、ピアXは、ピアαやピアYと直接コミュニケーションすることができるが、クライアントZとは、サーバを介してのみコミュニケーションすることが可能になる。これは、当然のことではあるが、クライアントZがピアではないことを意味している。

また、サーバがダウンしたとき、ピアαとピアβは自己組織化されるため、持続的なコミュニケーションが可能であるが、クライアントはすべてのコミュニケーションが中断されてしまう。つまり、クライアントはピアではないため、クライアント

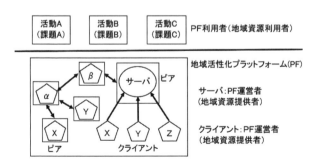

(e) セミピュアモデルに基づく地域活性化プラットフォームの構築・運営

自身が自己組織化されることはない。そのためクライアントは、ピア化されたサーバを介してのみ、クライアント間のコミュニケーションや「外の世界（他のピア）」と繋がることができる。同様に、クライアントは、クライアントであると同時に、ピアとしてピアグループに参加することもできる。このとき、クライアントはクライアントとピアの二つの顔を持つことになる。たとえば、「X」は、クライアントとピアの二つの顔を持つ。

　セミピュアモデルは、主に次の４つの目的に使用される。
①すでに存在しているサーバ同士を繋げて、大規模なサーバを構築する。市販品のPCを繋いだフレッツ光サービスの仮想スーパーコンピュータはこれに相当する。
②サーバを他のピアと繋げることでシナジー効果を発揮する。様々な活動が繋がり新たな化学反応や発火を引き起こすことに相当する。
③サーバとクライアントを同時にピアとしてピアグループに参加させることでサーバの負荷を削減できる。
④信頼性の高いサーバを、ピアとしてピアグループに参加させること、サーバによって認証されたクライアントのみをピアとしてピアグループに参加させることにより、ピアグループのトラストやインセンティブの保証が可能になる。これが企業、営利団体、専門家などの地域活性化プラットフォームへの参加を可能にする。

　このようなセミピュアモデルは、高い持続性・スケーラビリ

ティを低コストで実現するとともに、インセンティブの付与、トラストの保証も可能なことから安定的な地域活性化プラットフォームの運営を実現することができる。そのため、多くのビジネスシーンにおいて利用されている。

　たとえば、2003年に登場したインターネット電話であるスカイプ、2004年に運用を開始したNTTフレッツ光サービスにおける仮想スーパーコンピュータの構築など様々なビジネスシーンにおいて採用されている。

　このような理由から、地域コミュニティブランドでは、地域活性化プラットフォームの構築・運営方法としてセミピュアモデルを採用している。また、ピアグループ間の連携機能として芋づる式（同時参加モデル）を推奨している。

　芋づる式は、一つのピアが、複数のピアグループに同時に参加することで、当該ピアを介して、複数のピアグループが連携する。たとえば、ピアAとピアBがピアグループ1に参加しているとき、ピアAが同時にピアグループ2に参加し、ピアBが同時にピアグループ3に参加することで、ピアグループ1を介して、ピアグループ2とピアグループ3が繋がることができる。つまり、「友達の友達は友達である」との考えに基づいている。なお、詳細については「プラットフォームの安定度」の章において解説する。

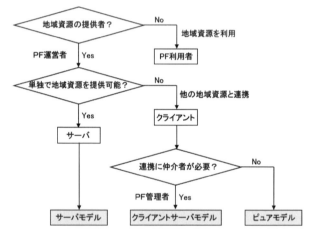

繋がり方のフローチャート

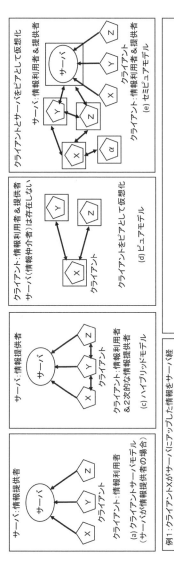

トポロジーのまとめ

サーバント

地域コミュニティブランドでは、地域資源をピアとして仮想化し、ピア同士をブローカレスに繋げることで地域活性化プラットフォームを構築する。そして、このプラットフォーム上で地域課題の解決や地域活動が展開される。

このとき、地域コミュニティブランドでは、「プラットフォーム上で展開される地域活動こそが、プラットフォームを構成すべき最適な地域資源である」と考える。この考え方はサーバントと呼ばれ、ブローカレス理論（P2P）における重要な概念の一つである。

これは、PF利用者がプラットフォームを利用する代わりに、PF運営者の役割も担うとの考えであり、プラットフォーム運営の低コスト化や、地域資源を地域活性化プラットフォームの運営に参加させるインセンティブとなりうる一方で、トラストの保証が課題となる。

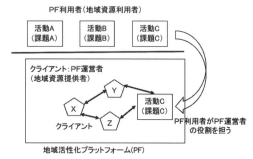

サーバントの概念

スケーラビリティ（評価指標）

　地域活性化プラットフォームを構築・運営する際の評価指標として、持続性、安定性、コスト、トラスト、インセンティブ、スケーラビリティ、応答性などがある。

　この中でスケーラビリティと呼ばれる性能評価尺度は、規模拡張性を意味し、これが運営コストや設備投資に最も大きな影響を与える。そこで、ここでは、地域活性化プラットフォームを構築・運営する際のスケーラビリティの考え方について詳述する。

　サーバモデル、クライアントサーバモデルにおけるクライアント数とサーバの応答時間との関係を考える。サーバの応答時間とは、クライアントがサーバに対して処理要求を出してから、サーバがその結果をクライアントに返却するまでの時間で

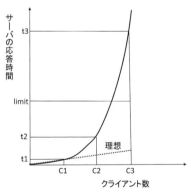

クライアント数 vs. サーバの応答時間（理想）

ある。

　図「クライアント数vs.サーバの応答時間（理想）」において、クライアント数がC1での応答時間をt1としたとき、C1の2倍のC2では、t2=t1×2、C1の3倍のC3ではt3=t1×3となること、すなわち線形になることが「理想」状態である。しかしながら、実際は両者の関係が指数関数に従うことが知られており、クライアント数の増加に従って、応答時間は飛躍的に増大することになる。たとえば、図では、t2はt1の5倍、t3はt1の25倍となっている。ここで、サービスとして許容される応答時間をlimitとしたとき、クライアント数をC3まで増やすことができないことが分かる。

　この問題の改善策として、サーバの数を増やす、サーバの処理能力を向上させるなどの新たな投資が必要になり、クライアント数の増加に伴うこれらのコスト増が投資リスクを拡大させ

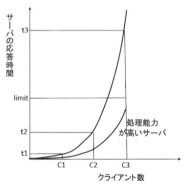

クライアント数 vs. サーバの応答時間（対策）

るのである。

　このように、クライアント数の増加に比例して応答時間が飛躍的に増大することから、クライアント数を線形に増やすことができなくなる。したがって、クライアント数の増加に比例して、応答時間が線形に増加する（理想に近い）ほど、スケーラビリティ（規模拡張性）が高いと定義することができる。

　次に、サーバの稼働率とクライアント数の関係を示す。図「サーバ稼働率 vs. クライアント数」は、クライアントの数がC1のときサーバ稼働率が4％であり、C1の3倍のC3では、稼働率が100％に収束してしまい、これ以上にクライアントを増やすことができないことを表している。なお、C3のときの理想状態での稼働率は図より12％であることが分かる。理想では、C1の25倍までクライアント数を増やすことができるが、実際はC1の3倍であるC3程度で飽和してしまい、これ以上増やせないことが分かる。このように、サーバの稼働率

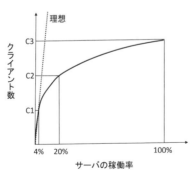

サーバ稼働率 vs. クライアント数

に対して、クライアントの数を線形に増やせない場合に、スケーラビリティが低いという。

したがって、クライアント数の増加に比例して、稼働率が線形に増加する（理想に近い）ほど、スケーラビリティ（規模拡張性）が高いと定義することができる。

最後に、クライアントの管理コストの観点からスケーラビリティを考察してみよう。図「管理コストの比較」において、サーバは100個のクライアントを管理している。サーバが1つのクライアントに対して支払う管理コストを1と仮定すると、全体での管理コストは100になる。つまり、クライアントの

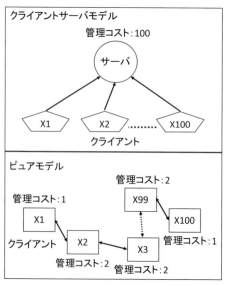

管理コストの比較

数に比例して管理コストは増加する。そのため、クライアントの数が急激に増えるとサーバが負担すべき管理コストも急増し、これがサーバに取っての重荷になる。また、管理コストの負担をすべてサーバが一手に担わなければならないなど、サーバの投資コストが多大になる。

これに対して、ピュアモデル（P2P）では、サーバが担っていたコネクタの役割をすべてのクライアントが分担して担うことになる。たとえば、クライアントX2は、隣接するクライアントX1とX3の管理のみを行えばよく、クライアント数の増加に依存しない。

すなわち、サーバモデル、クライアントサーバモデルでは、クライアントの数が増えるにつれて、サーバにおけるクライアントの管理コストや投資リスクが増大するが、ピュアモデルではクライアントの数に依存せず、クライアントが負担する管理コストが常に一定であるため、スケーラビリティの高いモデルとして位置づけることができるのである。

プラットフォームの安定度（評価指標）

「繋がりを体系化」の章において、クライアント同士（地域資源）の繋がり方のモデル（コミュニケーションモデル）として、サーバモデル、クライアントサーバモデル、ハイブリッドモデル、ピュアモデル、セミピュアモデルの5つのモデルについてそれぞれ解説した。

たとえば、ピュアモデルにおいては、PF運営者（地域資源

提供者）であるクライアントX、Y、Zがサーバを介することなく直接繋がることで互いにコミュニケーションを行った。これらのクライアントがPF運営者として繋がることで、地域活性化プラットフォームが構築・運営されるわけであるが、実際には、複数のクライアントがグループ（コミュニティ）を形成し、グループ同士が繋がることで地域活性化プラットフォームが構築・運営されることが一般的である。そこで、地域コミュニティブランドでは、グループ同士を繋げる手段として、「芋づる式（同時参加方式）」を提案している。

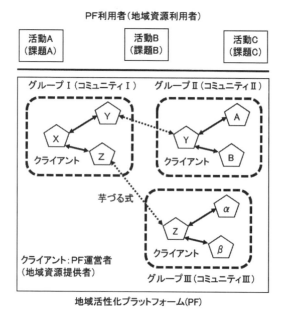

芋づる式による地域活性化プラットフォームの構築・運営

芋づる式では、たとえば、図「芋づる式による地域活性化プラットフォームの構築・運営」において、クライアントX、Y、Zはグループ I（コミュニティ I）を形成している。同様に、クライアントA、Bはグループ II を、クライアントα、βはグループ III を形成している。

　従って、別々のグループに属しているクライアントXとクライアントAは互いに繋がっていない。このとき、グループ I に参加しているクライアントYがグループ II にも同時に参加し、同様にクライアントZがグループ III に同時に参加するものとする。その結果、クライアントY、Zを介して、3つのグループが繋がることになる。つまり、クライアントX、Y、Z、A、B、α、βの7つのクライアントが「芋づる式」によって同時に繋がることになる。このとき、グループを介して繋がっているクライアント数の最大値は7であり、クライアントの総数も7となる。

　一方、この時点でクライアントYがグループ II から退去すると、クライアントX、Y、Z、α、βの5つのクライアントは繋がるが、これらはクライアントA、Bとは繋がらないことになる。このとき、グループを介して繋がっているクライアント数の最大値は5となる。

　地域コミュニティブランドでは、このように、芋づる式の特徴である、「グループを介して繋がっているクライアント数の最大値の平均値をm」としたとき、プラットフォーム安定度を「プラットフォームの安定度＝m／クライアントの総数×100

（%）」と定義している。従って、クライアントの平均同時接続数が大きくなるほど、つまり、多くのクライアントが同時に繋がっているほど、安定度が100%に近づき、プラットフォームの運営が安定化するのである。

図「地域活性化プラットフォームの安定度」は、クライアントX、Y、Z、α、βの5つのクライアントと、クライアントA、B、Cの3つのクライアントがそれぞれ繋がっていることから、この時点での繋がっているクライアント数の最大値は5となる。また、クライアントの総数は8である。従って、この

地域活性化プラットフォームの安定度

プラットフォームの瞬間の安定度は、5÷8×100＝62.5％となるが、プラットフォームの安定度を求めるためには、繋がっているクライアント数の最大値の平均値mを求める必要がある。

そこで、次に、平均値mを求めるためのシミュレーションモデルについて説明する。ここで、地域活性化プラットフォームが10のグループから構成されているものとする。また、各グループには3つのクライアントが参加しており、グループ内のクライアントは、サーバモデル、ピュアモデル、セミピュアモデルのいずれかのモデルで繋がっているものとする。したがってクライアントの総数は30となる。

個々のクライアントの他のグループへの参加率をλ、同時に参加している他のグループからの退去率をμとしたときの、利

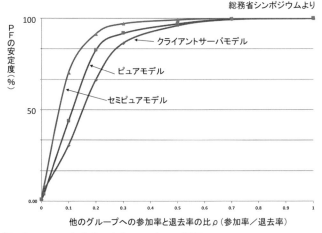

プラットフォーム安定度のシミュレーション評価

用率 $\rho = \lambda / \mu$ とプラットフォーム安定度の関係を、シミュレーションプログラムを用いてシミュレーションした結果を図「プラットフォーム安定度のシミュレーション評価」に示す。

シミュレーション結果から次のことが分かる。
①利用率 ρ が1に近づくにつれ、安定度が100％に収束する（30個のすべてのクライアントが繋がるようになる）。
②セミピュアモデルによりグループを形成した場合が最もプラットフォームの安定度が高くなる。

このように、プラットフォームの安定度の観点からは、セミピュアモデルが最も優れていることが分かる。

プラットフォームの全国網

このようにして構築された地域ごとの地域活性化プラットフォーム同士をブローカレスで繋げることで、地域活性化プラットフォームの全国網を構築することが重要である。

決して、地域ごとの地域活性化プラットフォームをトップダウン（クライアントサーバ型）で繋げてはならない。これでは本末転倒である。

そこで、地域コミュニティブランドでは、ピアの繋がりによって形成されたピアグループである地域活性化プラットフォームも一つのピアとして考える。一つのピアである地域活性化プラットフォーム同士が、フェデレーション（連合）によってブローカレスに繋がることで、地域活性化プラットフォームの全国網が構築されるのである。なお、フェデレーションに関して

は、第Ⅱ部の「ブローカレス理論の概要」において詳述する。

ここでは、ピアグループも一つのピアであることの意味について考察する。

ブローカレス理論では、「イベントプレース」と呼ばれるピアグループの考え方が導入されている。これは予めピアグループを作成し、そこにピアを参加させるという発想ではない。なぜなら、ピア同士が繋がったものが結果的にイベントプレース

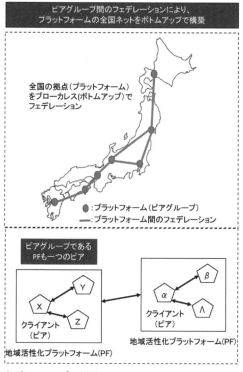

全国ネットをボトムアップで構築

（ピアグループ）になるとの考えに基づいているからである。つまり、ピアが繋がった結果、イベントプレースと呼ばれるピアグループが結果的に形成されると考える。最初に組織（グループ）を作るのではなく、「組織は後からついてくる」という発想である。

　そのため、地域コミュニティブランドにおいてもコミュニティを作るという考えは存在しない。地域資源が繋がった結果がコミュニティであり、ピア同士が繋がった結果、それもまたコミュニティとなるとの考えに基づいているからである。つまり、コミュニティを作るという考え方自体がトップダウン的であり、ブローカレスの発想には馴染まないのである。

summary

・地域コミュニティブランドは、地域資源をブローカレスに繋げることで、地域活性化のための共通基盤となる地域活性化プラットフォームを構築する。

・プラットフォームを構成する地域資源をプラットフォーム運営者（PF運営者）もしくは地域資源提供者と呼ぶ。

・地域資源同士を繋げる仲介者（ブローカ）、すなわちPF運営者同士を繋げる仲介者をプラットフォーム管理者（PF管理者）と呼ぶ。

・セキュアーな地域活性化プラットフォームを持続的かつ低コストで構築・運営するための3要素として、「イトコ」の考え方を提案している。

・理論的な繋がりを実現するためには、繋がりの体系化、可視化、仮想化の3つが必要である。

・繋がりの体系化として、繋がり方を5つのタイプに分類し、その中でも、セミピュアモデルと呼ばれる繋がり方が、セキュアーで持続的な繋がりを低コストで実現できる。

・緩やかで柔軟な繋がりこそが、持続的な繋がりを低コストで生み出すことができる。

・信頼性の高いサーバを、ピアとしてピアグループに参加させることにより、ピアグループのトラストやインセンティブの保証が可能になり、これが企業、営利団体、専門家などの地域活性化プラットフォームへの参加を可能にする。

・プラットフォーム上で展開される地域活動こそが、プラットフォームを構成すべき最適な地域資源である（サーバント）。

・スケーラビリティは、地域活性化プラットフォームを構築・運営する際の評価指標の一つである。

・クライアント数の増加に比例して、応答時間が線形に増加するほど、スケーラビリティ（規模拡張性）が高い。

・クライアント数の増加に比例して、稼働率が線形に増加するほど、スケーラビリティ（規模拡張性）が高い。

・サーバモデル、クライアントサーバモデルは、クライアントの数が増えるにつれて、クライアントを管理するためのコストや投資リスクが増大するが、ピュアモデルではクライアントの数に依存せず一定であるため、スケーラビリティが高い。

・複数のクライアントがグループ（コミュニティ）を形成し、グループ同士が繋がることで地域活性化プラットフォームが構築・運営される方式を、芋づる式（同時参加方式）と呼ぶ。

・グループを介して繋がっているクライアント数の最大値の平均値をmとしたとき、プラットフォーム安定度を「プラットフォームの安定度＝m／クライアントの総数×100(％)」と定義する。

・利用率ρが1に近づくにつれ、安定度が100％に収束する（すべてのクライアントが繋がるようになる）。

・セミピュアモデルによりグループを形成した場合が最もプラットフォームの安定度が高くなる。

・プラットフォームの安定度の観点からは、セミピュアモデルが最も優れている。

4 地域資源の仮想化

繋がりを仮想化

　地域コミュニティブランドの狙いは、「地域資源をピアとして仮想化し、ピア同士をブローカレスで繋げることで、地域活性化、コミュニティビジネス創発のためのプラットフォーム（共通基盤）を構築する」ことであった。

　これを実現するためには、
①地域資源の繋がりを仮想化する
②地域資源の繋がりを体系化する
③地域資源の繋がりを可視化する
ことが必要になる。すなわち、地域コミュニティブランドとは、地域資源の繋がりを、仮想化、体系化、可視化の観点から学術的に考察するための手法として位置づけることができるのである。本書では、このことを「繋がりを科学する」と言う。

　本書では、まず2章において、地域資源の繋がりの「可視化」について、次の3章において、地域資源の繋がりの「体系化」について述べてきた。本章では、最後に、地域資源の繋がりの「仮想化」について詳述する。

　地域資源の仮想化（抽象化）とは、地域資源をピアの内部に隠ぺい（カプセル化）し、外部に対してインタフェース（I/F）のみを公開することを言う。この仮想化により、地域資源

が自律分散協調の最小単位である「ピア」に変換される。本書では、仮想化された地域資源をピアと呼ぶ。さらに、ピアはインタフェースを外部に公開することにより、インタフェースを介したピアグループを形成することで、地域資源の「繋がり」を仮想化する。

地域コミュニティブランドでは、地域資源の繋がりを仮想化する方法、すなわち、ピア同士が繋がるために、ピアがインタフェースとして公開するものとして、以下の3つを規定している。

①機能（関数）の繋がり（I/Fとして機能を公開）
②モノ（オブジェクト）の繋がり（I/Fとしてモノを公開）

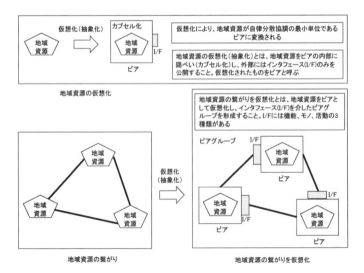

地域資源の仮想化と繋がりの仮想化

③活動の繋がり(I/Fとして活動や概念などを公開)

そして、この中でも、「地域資源の繋がりを活動の繋がりとして仮想化(抽象化)する」方法が最も優れていることを、繋がりの寿命、繋がるための威力(発信力、拡散力、共感力など)、繋がるためのコスト、持続性・安定性、化学反応(新たな発火)などの観点から明らかにする。

機能の繋がりとして仮想化

地域資源をピア内部に隠ぺい(カプセル化)し、ピアのインタフェースとして機能のみを外部に対して公開する。そして、公開されたインタフェースを介して、機能の繋がりを形成することにより、ピアグループを構築する方法である。これは、地域資源の繋がりを、「機能の繋がりとして仮想化する」方法とし

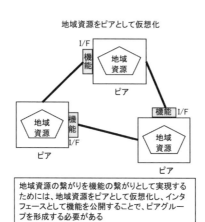

地域資源の繋がりを機能の繋がりとして仮想化

て位置づけることができる。

それでは、機能を繋げることの意味、機能の構造について、図「機能（関数）による繋がり」を用いて解説する。

図中の前進（4輪）、前進（2輪）は、それぞれ4輪で前進する、2輪で前進するという機能である。また、給油（ガソリン）、給油（電気）は、ガソリンを給油する、電気を充電するといった機能である。

機能の呼び出し元が、前進（4輪）の機能を呼び出すことで、4輪での前進が開始される。前進中にガソリンの給油が必要になったとき、前進（4輪）が給油（ガソリン）の機能を呼び出すことで、ガソリンの給油が開始されることになる。

ここで、もし、給油方法がガソリンの給油から新たに電気の充電に変更になったとき、前進（4輪）は新たに用意された給油（電気）の機能を呼び出すことが必要になることから、前進（4輪）におけるプログラムの変更が生じる。同様に、前進の

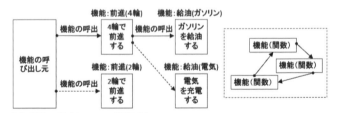

・機能（関数）の繋がりでシステムを構築する。
・4輪で前進する場合には、機能：前進(4輪)を呼び出す。
・2輪で前進に変更したい場合には、呼び出し元のプログラムを機能：前進(2輪)に修正する必要がある。
・前進時にガソリンを給油する場合には、機能：給油(ガソリン)を呼び出す。
・ガソリンの給油から電気の充電に変更したい場合には、機能：前進(4輪)を修正する必要がある。
・機能の変更、機能追加に伴い(給油方法に変更、追加が生じると)、プログラムを修正する必要がある。

機能（関数）による繋がり

方法が4輪から2輪に変更になった場合にも、新たに前進（2輪）の機能を追加するとともに、機能の呼び出し元のプログラムを変更する必要がある。

このように、機能の繋がりによってシステムが構築される場合には、機能の追加や機能の変更に伴ってプログラムの修正が頻発化し、機能を介した繋がりを再構築する必要があることから、そのためのコスト増やシステムとしての寿命が短くなる。

たとえば、C言語やFortranと呼ばれる関数型プログラミング言語は、機能（関数）を定義・記述し、記述された関数同士を相互に繋げるための仕組みを有しているが、このようなC言語でプラグラミングされたシステムは、後述するオブジェクト指向型プログラミング言語で記述されたシステムよりも、一般的に寿命が短くなることが知られている。

従って、地域資源の繋がりを、機能の繋がりとして仮想化する方法を用いて構築された地域活性化プラットフォームでは、プラットフォームにおける機能の追加や変更を意識する必要があることから、機能の追加や変更に伴う機能の繋がりを再構築する必要があるため、プラットフォームを維持するためのコストが多大になる、プラットフォームとしての寿命が短くなる、持続的・安定的なプラットフォーム運営が困難になる、などの問題を有していることが分かる。

モノの繋がりとして仮想化

地域資源をピア内部にカプセル化し、ピアのインタフェース

として、モノ（オブジェクト）を外部に対して公開する。そして、公開されたインタフェースを介して、オブジェクト間の繋がりを形成することにより、ピアグループを構築する方法である。これは、地域資源の繋がりを、モノの繋がりとして仮想化する方法として位置づけることができる。これまでに一般的に行われてきたモノのブランディングはこのモデルに相当する。

　それでは、オブジェクト（モノ）同士を繋げることでピアグループを形成することの意味、オブジェクトの構造について、図「オブジェクト（操作）による繋がり」を用いて解説する。

　オブジェクトは、前述の「機能（関数）」をオブジェクト内に隠ぺい（カプセル化）し、オブジェクトに対する「操作」をI/Fとして外部に公開する。そして、オブジェクトに対する「操作」をメッセージとして受け取ったオブジェクトは、操作に該当する機能を実行する。

　たとえば、給油という操作を給油オブジェクトが受け取った

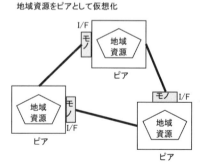

地域資源の繋がりをモノの繋がりとして仮想化

とき、その給油オブジェクトがガソリンを給油するオブジェクト（ガソリンオブジェクト）ならばガソリンの給油を行う。一方、給油という操作を受け取った給油オブジェクトが電気を充電するオブジェクト（電気オブジェクト）なら、電気を充電するという機能を実行することになる。

つまり、給油オブジェクトに対する操作の依頼元は、依頼先の給油オブジェクトがどのような機能を持つオブジェクトであるかをまったく意識することなく、常に「給油」というメッセージを送出すれば良いのである。このように機能がオブジェクト内にカプセル化されたことにより、オブジェクトの実体が何であるかを意識しなくてもよいという効果が得られるのである。これは、オブジェクト指向のポリモフィズムと呼ばれる機構であり、C++やJavaなどのオブジェクト指向言語においても採用されている。これについては「第Ⅱ部のオブジェクト

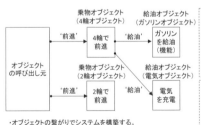

- オブジェクトの繋がりでシステムを構築する。
- 前進の方法に関係なく、乗り物オブジェクトに対して、メッセージ'前進'を送出すればよい。
- 給油の方法に関係なく、給油オブジェクトに対して、メッセージ'給油'を送出すればよい。
- 機能の変更、機能追加が発生してもプログラムを修正する必要がない（前進方法、給油方法に変更、追加が生じても、前進、給油のメッセージを送ることに変わりはない）。
- 機能よりもオブジェクト（モノ）の方が寿命が長い。

- 機能（関数）とデータをオブジェクト内に隠ぺい（カプセル化）
- オブジェクトが受け取ることができるメッセージ（操作）をIF（インタフェース）として公開
- オブジェクトに対して、メッセージを送ることで機能の実行依頼

オブジェクト（操作）による繋がり

指向」において詳述する。

　これに対し、前述の機能による繋がりでは、機能の呼び出し元は、ガソリンの給油なのか、電気の充電なのかを明確に意識しながら機能の実行を依頼しなければならなかった。そのため、機能による繋がりでは、たとえば、新たに重油による給油が追加されるなどの機能が追加、変更されるたびにプログラムを修正し、その繋がりを再構築しなければならなかった。これが、繋がりを構築するためのコスト増や繋がりの寿命の短命化を招いていた。

　一方、オブジェクトによる繋がりでは、すべての機能はオブジェクト内に隠ぺいされることから、オブジェクト間の繋がりが機能の追加、変更にまったく依存しない。つまり、「給油」という操作によって繋がっているオブジェクト間の繋がりは、機能の追加、変更に影響されないため、新たな機能が追加、変更されても、プログラムの修正や、その繋がりを再構築する必要がないのである。そのため、機能の繋がりと比較して、オブジェクトによる繋がりは、繋がりの寿命が長く、低コストでの安定的・持続的な繋がりを維持することができるのだ。

　従って、地域資源の繋がりを、オブジェクトの繋がりとして仮想化することで構築された地域活性化プラットフォームは、プラットフォームにおける機能の追加や変更を意識する必要がないことから、それに伴うピアグループの修正や再構築を必要としないため、機能の繋がりのそれと比較して、プラットフォームを維持するためのコストが小さくなる、プラットフォーム

としての寿命が長くなる、持続的・安定的な運営が可能になるなどの特長を有していることが分かる。

活動の繋がりとして仮想化

地域資源をピア内部に隠ぺいするとともに、ピアのインタフェースとして、活動や概念を外部に対して公開する。そして、公開されたインタフェースを介して、活動同士（概念同士）の繋がりを形成することにより、ピアグループを構築する方法である。これは、地域資源の繋がりを、活動や概念の繋がりとして仮想化する方法として位置づけることができる。

それでは、ピアグループを形成するために活動を繋げることの意味、その構造について、図「活動・概念による繋がり」を用いて解説する。

前述したように、ピアが機能で繋がる場合には、リモコンでチャンネルを切り替えるのか、それともタッチパネルでチャン

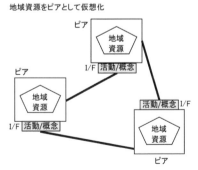

地域資源の繋がりを活動や概念の繋がりとして仮想化

ネルを切り替えるのかを明確に意識する必要があった。そのため、新たな機能の追加、機能変更がピア同士の繋がりに大きな影響を与えた。つまり、「リモコンでTVチャンネルを切り替えることができる」、「タッチパネルでTVチャンネルを切り替えてほしい」といった機能による繋がりは、寿命の短い繋がりになってしまうのである。

　これに対して、ピア同士がオブジェクトで繋がった場合には、TVオブジェクトがチャンネルを切り替えるための機能をオブジェクト内に隠ぺいすることから、機能の違いを意識することなく、単に、TVオブジェクトに対して、「チャンネル切替」の操作メッセージを送出すれば良かった。すなわち、すべての機能を「チャンネル切替」操作で制御できるのである。そのため、ダイヤルでチャンネルを切り替えるといった新機能が追加されたとしても、「チャンネル切替」操作（メッセージ）を

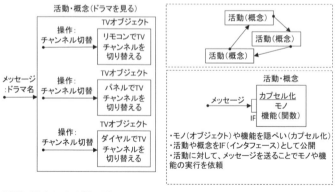

活動・概念による繋がり

介したオブジェクト間の繋がり(ひいては、ピア間の繋がり)に何らの影響も与えない。従って、機能よりもピア間の強い繋がりを実現できるのである。

　このように、機能よりも寿命の長いオブジェクトを介して繋がることで、安定的で寿命の長いピアグループを形成できるが、その一方で、オブジェクト(モノ)そのものに変更があった場合、たとえば、TVオブジェクトの代わりに、新たに、スマートフォンオブジェクトを利用することになった場合には、結局、オブジェクトを介した繋がりの再構築が必要になる。

　そこで、地域コミュニティブランドでは、機能、モノ(オブジェクト)の上位概念である「活動・概念」を介したピア間の繋がりを提案している。たとえば、ドラマを見るという活動で繋がることで、ドラマを見る媒体がTVからスマートフォンに変更になったとしても、活動の繋がりによるピアグループの形成に影響を与えることがないのである。そのため、より寿命が長く安定した地域活性化プラットフォームを低コストで運営することが可能になる。

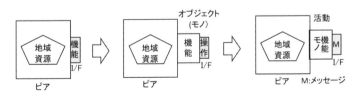

機能、オブジェクト、活動によるピア(地域資源)の繋がり

モノをブランディング：死の谷を越える

　ブランドの語源は、他人の家畜と自分の家畜を区別するために押した「焼き印」からきている。つまり、他のモノとの「違い」がブランドであり、この「違い」を世の中に広め認識させることで、利用者の信頼感や安心感を得ることができるようになり、その結果、ブランドに対する価値が醸成されることになる。

　そして、この「違い」を表現する手段である名前（ブランド名）やロゴマークなどを用いることで、ブランド価値の醸成やその価値を広く浸透させるなどの一連の取り組みをブランディングという。

　これまでのブランディング手法は、「モノ」のブランディングが一般的であった。たとえば、「企業」「組織」「商品」「地域」「サービス」「人」「イベント」「建造物」などのモノの価値（安心・信頼、共感など）やモノに対するイメージ（高級感、クールなど）を高めること、そのモノの存在や価値を広くユーザに知ってもらうこと、最終的にモノを利用・購入してもらうことなどがその主な目的であった。なお、地域コミュニティブランドでは、イベントも活動ではなくモノとして扱われる。そしてイベントを実現するまでのプロセスが活動に相当する。

　モノのブランド、すなわち、他のモノとの差別化を図り、その違いや価値を広めることがモノのブランディングなわけであるが、そのためには、モノの名称、ロゴ、キャッチコピー、プ

ロモーションビデオなどを作成し、新聞、テレビ、ラジオ、雑誌、チラシなどのメディアを介して広告することが一般的であった。最近では、インターネットの普及に伴い、ホームページやSNS（ソーシャルネットワーキングサービス）を利用したネット広告や口コミなどが活用されている。いずれにしても、これまでのブランディングにおいては、常に「モノ」が主役であった。

　それでは、良いモノを開発し、ブランディングすれば、そのモノは世の中に受け入れられるのか。答えは否である。死の谷（デスバレー）、ダーウィンの海と呼ばれる関門を突破しなければならない。

　デスバレーとは、アイデアレベルから試作段階（プロトタイプ）へと進んだモノが、商品化段階へと進めるか否かの関門を意味する。商品化段階に進むためには、試作段階とは比べ物に

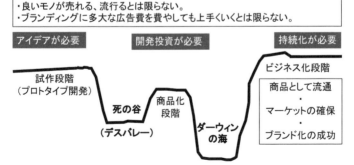

死の谷（デスバレー）とダーウィンの海

ならない多額の投資が必要になる。設備投資、マンパワーの投入、販路の確保など解決しなければならない課題は多い。そのため、実際には商品化段階には進めず、試作段階で終わってしまうモノも多い。この関門は一般的にデスバレーと呼ばれる。

　一方、ダーウィンの海は、商品化段階へと進んだモノが、市場において持続的にマーケットを確保し、広くユーザに流通させることができるか否かという関門を意味する。この関門を突破するためには、単に良いモノを作って販売するだけでなく、マーケティング戦略、ブランディング戦略、広告戦略などとの総合力が要求される。つまり、競業他社や類似商品に打ち勝たねばならない。ここでの敗北は大きな負債を意味する。

　このように、デスバレーとダーウィンの海を乗り越えて成功を収めるためには、モノづくりのための組織づくり（組織化）、商品化、モノのブランディングといった一連のプロセスが必要になる。本書では、この一連のプロセスを総称してモノのブランディングと呼ぶ。

　このモノのブランディングには、多大な開発コストと労力が必要となる。また、一度投資したり、一旦組織を作ったりしてしまうとなかなか後戻りできないなど、成功するための投資リスクは非常に高いといえる。これの典型例が箱物と言われるものである。一度、箱物（施設）を作ってしまうと、たとえ思惑と違ってあまり需要がなくても、ランニングコストを払い続けなくてはならず、これが将来的に大きな負担になるのである。施設や組織を一度作ってしまうと、手段であったはずの施設や

組織が、今度はそれらを維持することが目的になってしまうことがままあるのである。

そこで地域コミュニティブランドでは、人や資金などに限りがある地域の活性化のためには、モノ中心の考え方から、活動中心の考え方への発想の転換が必要であることを提案している。これは、地域においては、地域資源（モノ）そのものよりも地域資源（モノ）の繋がりにこそ価値があると地域コミュニティブランドが考えているからに他ならない。

活動をブランディング：概念を拡散

地域コミュニティブランドでは、従来の一般的な手法であったモノのブランディングに対し、「活動をブランディングする」ことを以下のように定義している。

地域資源をピア内部にカプセル化し、インタフェースとして「概念や活動」を公開することで、インタフェースを介したピ

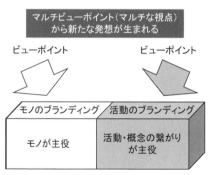

マルチビューポイントから生まれる新たな発想

ア同士の繋がりにより、ピアグループを形成する。

これは、「モノ」そのものではなく、モノを生み出す活動や繋がり、その活動や繋がりによって形成されるコミュニティ（ピアグループ）そのものに価値があるとして解釈することができる。つまり、地域コミュニティブランドにおいては、モノよりも繋がりや活動の方が商品価値の高いものとして扱われるのである。

そして、この繋がりを生み育てる手段として、活動やその概念に名前を付け、物語化し、それを拡散することで、ブランディングを行うのである。ここでは、モノは二次的・副次的なものとして扱われる。「モノ」中心から、「繋がり」「活動・概念」「プロセス」中心への発想の転換である。

第Ⅱ部「公開鍵暗号：発想の転換」やコーヒーブレイク②「新たな概念は理解されにくいが…」でも述べるが、新たな発想は新たな分野や新たな可能性を生み出すパワーを持っている。そのため、新たな発想を常に心がけることは非常に大切なことであるが、それにはマルチビューポイント（マルチな視

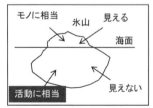 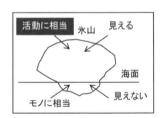

モノと活動の関係（発想の転換）

点)での物事の観測が重要になる。

　たとえば、地域コミュニティブランドでは、モノ(結果)よりも、モノを生み出す「活動」やプロセス、繋がり、それの元になった概念などに着目する。図「モノと活動の関係(発想の展開)」において、氷山は、「海面から出ている部分」と「海面より沈んでいる部分」に分かれる。海面から出ている部分は当然人目に触れる。そのため、人々の関心や興味は海面から出ている部分に集中し、おのずと注目されることになる。そして、人目に触れない海面より沈んでいる部分には人の関心や興味が向かない。しかしながら、海面から出ている部分が存在するためには、海面より沈んでいる部分の存在が必要である。この存在なしに、海面から出ている部分は存在できない。

　地域コミュニティブランドでは、この海面から出ている部分が「モノ」に、海面より沈んでいる部分を「活動」と定義している。しかしながら、氷山の例と同じで、人目に触れない活動があってはじめて、モノが人目に触れることになる。活動の存在なしにモノは存在しない。しかしながら、これまでのモノの

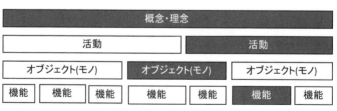

寿命の比較

ブランディングでは、海面から出ている部分である「モノ」にばかりに焦点を当て、海面より沈んでいる部分、すなわち人目に触れない部分である「活動」にはあまり焦点を当ててこなかった。そこで、地域コミュニティブランドは、氷山を反転させることにより、これまで人目につかなかった海面より沈んでいる部分、すなわち「活動」にこそ注目し、そこに光を当てて可視化する。つまり、活動の繋がりを可視化する。このように、活動自体をブランディングすることが地域コミュニティブランドの基本的な考え方である。まさに発想の転換である。

「モノ」よりも「活動」に着目する主な理由を以下に示す。

・寿命が長い。寿命の長いもの、寿命の長い繋がりをブランディングした方がコストパフォーマンスに優れている。せっかく大きな投資を行っても、それが短命に終わってしまっては意味

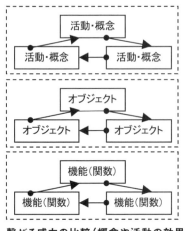

繋がる威力の比較（概念や活動の効果）

・概念や活動は、オブジェクト（モノ）や機能よりも寿命が長い。
・概念や活動による繋がりは、寿命が長く、コストパフォーマンスが高い。
・概念や活動は、モノや機能よりも物語にしやすい。
・概念や活動は、拡散力、発信力、共感力などに優れている（繋がる威力が大きい）。
・化学反応、思わぬ発火を起こしやすい。

をなさない。地域ではこれが大きな負担になってしまう。

　地域コミュニティブランドでは、寿命の長さを、概念≧活動＞モノ＞機能と定義している。

・繋がりを作りやすい。物語を作りやすい。たとえば、繋がり、活動・概念、プロセス（過程）などは物語にして拡散しやすいため共感を得やすい。モノに比べて活動は発信力、拡散力など繋がるための威力が大きい。

・結果ではなく、プロセスに注目することで、思わぬ発火が起きやすい。

　そこで、機能よりもオブジェクトの方が、寿命が長いという点に着目するとともに、オブジェクト指向の考え方をさらに拡張して、モノよりも寿命が長いものが「活動」であり、「活動」より寿命の長いものが「概念・理念」であると定義した。つまり、新たな「概念」のもとに、新たな「活動」が生まれ、そして、「活動」の中から、新たな「モノ」や「機能」が生まれると考えた。そして、それを進める中で、必要な技術や組織が作られると定義した。つまり、「概念」が、「活動」「モノ」「機能」を決定する上でのすべての羅針盤となるのである。

　これまでの日本の傾向として、「良いモノを作った。いままでにない機能や技術を考案した」ということを主張することが多い。これに対して、米国は「新たな概念、理念」を次から次へと生み出すことを重視する。たとえば、近年、日本の優秀な学生がグーグルやアップル社などの米国の最先端企業に就職していることが話題になった。つまり、日本の頭脳流出として騒が

れたのである。これに対して米国社会の受け止め方の中には、なぜ、グーグルやアップル社のような退屈な企業に日本の学生は行きたがるのかという論調が存在するそうだ。ここで言う退屈とは、グーグルやアップル社が新たな概念に基づくビジネスモデルをすでに確立し、成功を収めた会社であるということを意味している。つまり、すでに成功している企業に入社するのではなく、さらなる新たな概念、それに基づく新たなビジネスモデルを創出するような挑戦こそ、優秀な学生は行うべきであるという考えなのであろう。その反面、ときには、米国は自国の概念、理念を主張しすぎると批判を浴びることも多々あるが。

　さて、寿命の観点から見れば、長期的な視野に立ったとき、どちらが戦略的に優れているかは明らかである。

　たとえば、ブローカレス理論は、単なるネットワーク技術でなく、「ブローカを介することなくピア同士が自己組織化、自律分散協調しながらコミュニケーションする」という新しいネットワークの概念を提唱するものである。一方、この概念の普及に伴い、この概念の新たな実現技術がこれまでに次々と考案されている。公開鍵の新たな実現技術が次々と生み出されているのと同様に。そのため、初期の実現技術は陳腐化し徐々に使われなくなってしまうが、もとになる概念は廃れることなく使用され続け、長い寿命を有することになる。現に、1998年にP2P（ブローカレス）が誕生してからすでに20年が経過したが、スカイプやブロックチェーンの登場など、いまだにP2Pの概念は幅広い分野で脈々と生き続けている。

内ベクトルと外ベクトル

　クライアントサーバモデルでは、サーバを介したクライアント間のコミュニケーションが行われる。すなわち、クライアントはサーバと繋がることで他のクライアントとのコミュニケーションを実現しようと試みる一方で、サーバはクライアント間のコミュニケーションを実現するために、クライアントを効率よく管理しようとの意思が働く。そのため、サーバとクライアントの間には、クライアントからサーバに対して内向きのベクトルが作用することになる。これを「内ベクトル」と呼ぶ。このモデルでは、サーバを中心とした指向が働く。

　これに対して、ブローカレス理論（P2P）では、クライアントなどのコンピュータ資源をピア内部に隠ぺいし、インタフェースを外部に公開することで、インタフェースを介したピアグループを形成する。すなわち、インタフェースを介して、外部の他のピアに対して外向きのベクトルを作用させることによ

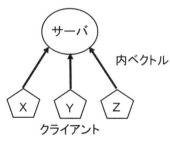

クライアントサーバモデルにおける内ベクトル

り、他のピアとの繋がりを形成するのである。これを「外ベクトル」と呼ぶ。これにより「点」であったピアが「面」を形成することになる。

　一方、課題解決型においても、クライアントサーバモデルと同様に内ベクトルが働く。たとえば、図「課題解決型と内ベクトル」において、地域の課題を解決するというゴールに向かって、人、施設、資金などの地域資源や地域課題を解決するための要素（エレメント）が内ベクトルに作用することで課題の解決が図られる。そのため、課題という「点」に対して内ベクトルが集中することから、外ベクトルのメカニズムが働きにくくなり、その結果として、課題解決型ではエレメント同士の繋がりや他の課題との繋がりを醸成すること、新たな発火を引き起こすことが困難になるのである。

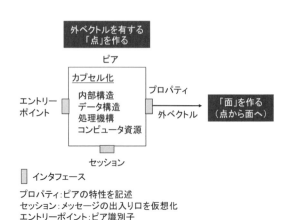

ピアと外ベクトル

このように、課題解決型が良い「点」を作ることを目指したのに対して、地域コミュニティブランドでは真逆のアプローチを取る。素晴らしい「点」を作ることを目指すのではなく、「点」と「点」を繋いで「面」を作ることを目指すのだ。地域コミュニティブランドでは、この繋がりにこそ価値があると考え、「モノ」ではなく「繋がり」をブランディングするのである。従って「点」には外向きのベクトルが作用することになる。

　そこで、地域コミュニティブランドでは、これらのエレメントをピア内部にカプセル化し、インタフェースを外部に公開することによる外ベクトルの作用により、インタフェースを介したピアグループを形成する。具体的には、モノではなく、活動、活動の礎になる概念（理念）、繋がり、プロセスなどに名前をつけ、それらを物語にして外ベクトルとして拡散させる。

課題解決型と内ベクトル

すなわち、モノのブランディングではなく、概念・活動・繋がり・プロセスなどのブランディングを行う。これにより、効率的な他のピアとの繋がりの醸成による「点」から「面」の形成や、新たな発火を引き起こすことが可能になる。

このように、地域コミュニティブランドでは、「モノ」よりも、このピア間の繋がりにこそ価値があると考え、この繋がりをブランディングするために活動や概念を公開し、他のピアとの繋がりを加速させるのである。

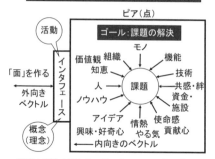

ピアと外ベクトル

summary

・地域コミュニティブランドは、地域資源の繋がりを、仮想化（カプセル化）、体系化（トポロジー）、可視化の観点から学術的に考察するための手法である。

・地域資源の繋がりを、機能の繋がり、モノ（オブジェクト）の繋がり、活動の繋がりとして仮想化することができる。

・地域資源の繋がりを、活動の繋がりとして仮想化（抽象化）する手法が最も優れている。

・地域資源の繋がりを機能の繋がりとして実現するためには、地域資源をピアとして仮想化し、インタフェースとして機能を公開することで、ピアグループを形成する必要がある。

・地域資源の繋がりを、機能の繋がりとして仮想化する方法によって構築された地域活性化プラットフォームは、プラットフォームを維持するためのコストが多大になる、プラットフォームとしての寿命が短くなる。

・地域資源の繋がりを、オブジェクトの繋がりとして仮想化することで構築された地域活性化プラットフォームは、プラットフォームにおける機能の追加や変更を意識する必要がないことから、それに伴うピアグループの修正や再構築を必要としないため、プラットフォームを維持するためのコストが小さくなる、プラットフォームとしての寿命が長くなる、持続的・安定的な運営が可能になる、などの特長を有している。

・地域コミュニティブランドでは、機能、モノ（オブジェクト）の上位概念である「活動・概念」を介したピア間の繋がりを提案している。オブジェクトに変更があっても、ピアグループの再構築を必要としないため、プラットフォームを維持するためのコストが最も小さくなる、プラットフォームとしての寿

命が最も長くなる。
・モノ中心の考え方から、活動中心の考え方への発想の転換が必要である。
・モノそのものよりもモノの繋がりにこそ価値がある。
・「活動をブランディングする」とは、地域資源をピア内部にカプセル化し、インタフェースとして「概念や活動」を公開することで、インタフェースを介したピア同士の繋がりにより、ピアグループを形成することである。
・概念、活動の拡散は、寿命が長いためコストパフォーマンスに優れる、繋がりを作りやすい、物語を作りやすい、共感を得やすい、思わぬ発火や化学反応が起きやすい、などの効果がある。
・クライアントサーバでは内ベクトルが、P2Pでは外ベクトルが働く。
・課題解決型では内ベクトルが、地域資源の仮想化により外ベクトルが働く。
・寿命の長いソフトウエア、長く使うことのできるソフトウエア（生き残ってきた種）こそが、優れたソフトウエアである。
・モノや機能を伝えることは比較的簡単であるが、概念を拡散することは難しい。
・概念の下に意味のある活動が生まれ、活動がモノ、機能、技術を生み出す。
・新たな概念が切り開く新たな世界は無限であり、大きなパワーを秘めている。
・機能やモノよりも概念を公開した方が、拡散力や共感力など繋がるための威力が大きい
・地域資源の繋がりを仮想化する際には、繋がるためのコス

ト、繋がりの寿命、繋がるための威力（発信力、拡散力、共感力などの繋がりやすさ）、繋がりの持続性、安定性などを考慮する必要がある。
・地域資源の繋がりを加速し、新たな発火を起こすために、繋がり、活動、概念、過程（プロセス）などを物語にして発信する。
・地域コミュニティブランドにおける外ベクトルの考え方は、内ベクトルを作用させる「課題解決型」を淘汰するものではなく、車の両輪のように両者は互いに補い合うものである。

COFFEE BREAK

1
優れたソフトウエアとは？
寿命が大切

　優れたソフトウエア（システム）とはどのようなものなのか？ソフトウエアを利用するユーザの立場なら、使いやすい、操作しやすい、低コスト、バグが少ない、サクサク動く、などの「ユーザビリティ（利用性）」を挙げることができるだろう。一方、ソフトウエアを開発、保守・運用する立場からは、良いソフトウエアか否かを、次のICT用語を用いて定義することができる。

移植性・可搬性（ポータビリティ）

　ソフトウエアを他のコンピュータ環境へと移行する場合の移植のしやすさの度合いを表す。少ないプログラムの修正で、ソフトウエアを他のコンピュータに移植できるとき、移植性が高いという。

互換性（コンパティビリティ）

　あるシステム向けに作られたソフトウエアを、特に修正することなく他のシステムでも利用できる度合いを表す。利用できる度合いが高いほど、互換性が高いという。

可用性（アベイラビリティ）

　障害などで停止することなく、ソフトウエアを使用し続けることができる状態の度合いを表す。長く持続的に使用できる度合いが高いほど、可用性が高いという。

信頼性（リライアビリティ）

　ソフトウエアの障害や不具合が発生しない度合いを表す。障害や不具合が発生しない度合いが高いほど、信頼性が高いという。

保守性（メンテナビリティ）

　ソフトウエアの維持・管理のしやすさの度合いを表す。バグや不

具合の検出やその修正、機能変更や機能追加のしやすさの度合いを表す。バグの修正や機能変更等に伴うプログラムの修正が容易であるほど、保守性が高いという。

相互運用性（インターオペラビリティ）

異なる複数のソフトウエアを相互接続したときに、全体として正しく動作できる状態の度合いを表す。正しく動作できる度合いが高いほど、相互運用性が高いという。

規模拡張性（スケーラビリティ）

ソフトウエアのユーザ数や負荷の増加に比例して、どれだけ線形に性能や機能を拡張できるかの度合いを表す。規模の変化に柔軟に対応できる度合いが高いほど、スケーラビリティが高いという。

汎用性（バーサティリティ）

ソフトウエアが様々な用途や目的に幅広く利用できうる度合いを表す。幅広く利用できる度合いが高いほど、汎用性が高いという。

上記の定義から、優れたソフトウエアとは、プログラムの変更・修正量が少ないこと、機能変更や機能追加に伴うプログラムの変更が容易であること、持続性が高いこと、信頼性が高いこと、安定的であること等が分かる。つまり、寿命の長いソフトウエア、長く使うことのできるソフトウエア（生き残ってきた種）こそが、優れたソフトウエアといえる。そこで、地域コミュニティブランドでは、機能やモノより寿命が長い概念や活動をインタフェースとして外部に公開するのである。

COFFEE BREAK 2

新たな概念は
理解されにくいが……

　目に見えない概念や理念を相手に伝え、それを拡散すること、そしてそれによる共感や社会的ムーブメントを得ることは、とても大切であると同時にとても難しいことでもある。

　1986年4月、NTT研究所に入所した筆者は、2012年3月にNTTを退職し、2012年4月から大学教員となるまでの26年間、ネットワーク、コンピュータ、ソフトウエア関連のICT研究者として、日々の研究活動を推進してきた。

　特に、分散システム、OS（オペレーティングシステム）、次世代リアルタイムシステムなどのICTに関する研究開発等に従事して

**120年の歴史を有するNTT研究所
（東京都武蔵野市）**

きたが、1995年から1997年までの2年間、米国のニュージャージ州にあるベルコミュニケーション研究所に客員研究員として留学する機会を得た。ベルコミュニケーション研究所は、半導体（トランジスタ）、オペレーティングシステム「UNIX」、プログラミング言語「C言語」の発明により世界的に知られた研究所である。

そこでの主な仕事は、次世代のネットワークを構想することであった。そこで閃いた新たなネットワークの概念・理念に、「これはイケル」との根拠のない確信めいたものを感じた。これが、筆者の人

ニュージャージの自宅前にて、1996正月に撮影（34歳）。1歳の長男真吾とママのお腹の中の長女志保、両親と共に。真吾も現在は早稲田大学囲碁部主将として学生チャンピオン。長女志保は中学3年生15歳でプロ試験に合格し、現在は日本棋院所属の囲碁のプロ棋士。NHKの囲碁番組にレギュラー出演中。

COFFEE BREAK
2

生の転機となった。筆者が33歳のときである。

　米国留学から帰国した筆者は、米国での構想を具体化させることを目的とした新たな研究チームをNTT社内に発足させた。そして、1998年、新たなネットワーク理論である「ブローカレス理論」を学会において論文発表したのである。それまでの、ブローカ（サーバ、マスターなどの仲介者）の存在を前提としていたネットワークサービスモデルに対し、ブローカレス理論は、ブローカの存在を前提としなくてもブローカが存在していたときと同様にネットワークサービスを受けることができるという、新たな概念に基づくネットワークモデルの提案であった。

　学会において学術論文（フルペーパ）としては採録されたものの、残念ながら、論文発表後の数年間、この理論が学会でも社内でも、筆者の期待に反して特に注目されることはなかった。それどころか、なぜ「サーバが存在してはいけないのか」という疑問を呈されることが多く、ブローカレス、サーバレスという新たなコンセプトをなかなか理解してもらえなかった。しかしながら、簡単に理解してもらえないからこそ、逆にこれが新しい概念であるとの確信を持つようになった。

　忘れもしない2000年3月、転機（黒船）が米国からやってきた。グヌーテラ、ナップスターなどのファイル交換アプリが大ブレイクしたのである。それに伴い、このアプリの基になった「P2P」と呼ばれる新たなネットワーク理論が世界中で注目されるようになった。そして、そのP2Pが生まれる以前に、P2Pに先駆けて、ブローカレス理論がすでに日本において誕生していたことで、一躍、ブローカレス理論が世界的に注目されるようになったのである。

これを契機に、筆者を取り巻く世界が一変した。新聞・雑誌・ラジオ・テレビなどのメディア取材、招待講演・招待論文・著書出版の依頼など、研究成果の普及活動が忙しくなった。また、内閣府、経済産業省、総務省、群馬県などでブローカレス理論（P2P）を用いた地域情報化・地域活性化のプロジェクトを推進する機会を得た。NTT社内においても、フレッツ光グリッドサービスを始め、ブローカレス理論を用いた多くの商用サービスが開始された。

さらに、2000年以降、米国においてP2Pの研究開発を主導していたインテルやサンなどの世界的なICT企業が、米国からNTT研究所を来訪し、共同研究を申し入れてきた。これにより、NTT研究所との共同研究がスタートし、世界十数カ国での国際特許を含め約50件の特許を取得した。

さて、黒船がやってくるまでの間、なぜ、ブローカレス理論は注目されなかったのか。様々な理由が考えられるが、新たな概念の拡散、新たな概念を伝えること、理解してもらうことの難しさを挙げ

**ブローカレス理論＆SIONetの米国特許
（US7702744B2, 2010.4.20取得）**

COFFEE BREAK
2

ることができる。

　人に新たな概念を伝えることが困難な一方で、モノや機能を伝えることは比較的簡単である。たとえば、テレビを例に考えてみよう。ひと昔前のテレビは、ダイヤル式で「ガチャガチャ」とダイヤルを回すことでチャンネルを変えていた。ちなみに、我々の世代はチャンネルを変えることを、チャンネルを回すというが、これはダイヤルを回すことからきている。

　その後、リモコンと呼ばれる新たなチャンネル切替機能が生まれた。このリモコンの機能を伝えることはさほど困難ではない。なぜなら、テレビというモノの概念（映像をみるためのモノ）を共有できているからである。つまり、概念が共有されてさえいれば、モノや機能を理解することは、さほど困難なことではない。

　一方で、テレビという概念を共有できていない「江戸時代」の人に、テレビの概念を伝えることは容易ではない。動く紙芝居、動く箱など、どのように説明しても、その未知なる概念（映像を見るということ）を100％伝えることは不可能であろう。

　ブローカレス理論も同じであった。ブローカ（仲介者）の存在を前提としていた従来のネットワークモデルにおいて、ブローカが存在しないという新たな概念を理解してもらうことが、非常に困難だったのである。古い概念の中での成功体験者は、突然現れた新たな概念を容易に理解できないのである。いや、理解したくないとの拒絶反応が起きる。これが固定概念といわれるものである。つまり、新しい革新的な概念ほど理解されにくい。逆説的にいえば、簡単に受け入れられる、すぐに理解してもらえる概念はたいしたことないのだ。そういった意味において、当時、日本においてまったく理解

されなかったブローカレス理論に対して、これは革新的であるとのほのかな自信が確信に変わっていった。

　ブローカレスという新たな概念の登場により、これまでになかった新たなネットワーク技術がたくさん生まれ、これらが新たな特許取得や論文発表へと繋がったのだ。そして、あれから20年が経った2018年現在、ブロックチェーンと呼ばれる新たなP2P技術が仮想通貨に利用され社会現象を起こしている。そして、ブロックチェーンを用いた地域活性化活動がスタートしようとしている。

　この概念・理念は、すべての活動の源である。概念なき活動は、羅針盤を持たずに大海原に乗り出すようなものである。概念の下に意味のある活動が生まれ、活動がモノ、機能、技術を生み出すのだ。日本は「技術大国」と言われる。新しいモノ、機能、技術を生み出す力に長けている。一方で、米国は「概念大国」であると考える。次々と新たな概念が生まれ、また、それを普及、拡散させる力に非常に長けている。この能力が米国の力の源泉の一つであることは間違いない。そして、この概念から新たなビジネスマーケットが

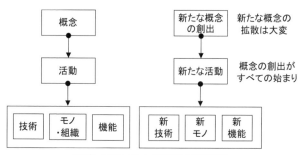

概念・活動・モノ・機能の相関関係

COFFEE BREAK

2

 生まれる。概念を制するものが、新たなマーケットをも制するのである。新たな概念が切り開く新たな世界は無限であり、大きなパワーを秘めているのだ。このように、概念が最も重要であるとの考え方から、2014年に設立した大学発の学生ベンチャー企業の社名を「Concept Lab Inc.」と命名した。

 これまで、概念を拡散することの効果について述べる一方で、概念を理解してもらうことの困難さについて言及した。そして、モノや機能を理解してもらうことは比較的容易であることを述べた。

 そのため、日本では一般的に概念よりもモノを拡散する、つまりモノや技術をブランディングすることが一般的であるが、地域コミュニティブランドでは、機能やモノよりも概念を公開した方が、拡散力や共感力など繋がるための威力が大きいことから、モノではなく概念や活動に着目して、これをブランディング、すなわち、ピアのインタフェースとして概念や活動を公開することでピアグループを形成する手法を提案しているのである。

電気通信事業に関する感謝状

COFFEE BREAK

3

ソフトウエア開発手法
「概念」が開発のはじまり

　ソフトウエア開発手法では、ソフトウエアの開発を次の手順で行うものとして定義している。

　①要件定義：どういう概念・理念、要求仕様のソフトウエアを開発するかを定義する。利用者の要求条件などを明確にする。

　②設計：要件定義を満足するように、ソフトウエアの具体的な詳細仕様や機能などを定義する。

　③プログラミング：プログラミング言語を用いて、設計書に基づくプログラムを作成する。

　④試験：プログラムにバグがないかテストする。

　⑤運用：実際にソフトウエアを稼働させ、障害などが発生していないか監視する。

　このように、ソフトウエアの方向性を決定するものが要求定義や設計の上流過程であり、ここを誤ってしまうと、どんなに優れたプログラマーがプログラミングしても良いシステムを作ることはできない。たとえどんなに熟練の大工さんを連れてきても、建築家が家の設計を誤ってしまうと良い家が建たないのと同じである。

　そこで、地域コミュニティブランドでは、上流過程の要件定義に着目し、「モノ」ではなく、「概念」に焦点を当てこれをブランディングすること、活動を通じて概念や理念を拡散するという考え方を提案しているのである。

COFFEE BREAK
4
カプセル化とインタフェース：仮想化

　資源の仮想化（抽象化）とは、資源をカプセル化（カプセル内に隠ぺい）し、カプセルの特性をインタフェースとして公開することであった。

　このカプセル化とインタフェースの公開を理解する具体的な事例として、薬剤を挙げることができる。たとえば、薬の成分としてアセトアミノフェンがある。しかしながら、大部分の人は、アセトアミノフェンがどのような色、形状、匂い、味であるかを知らない。なぜなら、カプセル内に隠ぺいされているからである。そしてインタフェースとして、薬の効能や用法が外部に対して公開される。つまり、薬の利用者は、薬の効能と用法さえ得られれば、その成分に関する詳細な知識は必要としないのである。

　もう一つの例として、OS（オペレーティングシステム）が提供するファイルがある。ファイルは、たとえば、ワープロで作成した文章を保存するためのものである。この文章は実際にはハードディスクやメモリカードなどのハードウエアに保存されるが、利用者はハードディスクやメモリカードのどの部分に文章が保存されたかを知る必要もないし、ハードウエアの詳細な構造を知る必要もない。これは、ハードディスクやメモリカードなどのハードウエア資源を

カプセル化	インタフェース
薬成分：アセトアミノフェン	効能：解熱 用法：1日1カプセル

薬剤のカプセル化とインタフェース

ファイル内にカプセル化し、ファイル作成、ファイル削除、ファイルへの書き込みなどの操作をインタフェースとして公開することにより実現される。同様に、「CPU」を仮想化したものが「タスク」であり、OSはコンピュータ資源を仮想化し、標準化（部品化）したものの集合であると考えることができる。

　このように、資源の仮想化は、資源の機能性や操作性の向上に大きく寄与する。P2Pにおけるコンピュータ資源の仮想化、地域コミュニティブランドにおける地域資源の仮想化、フォグコンピューティングにおけるIoT資源の仮想化などは、薬やファイルと同様の考え方に基づいてそれぞれ設計されているのである。

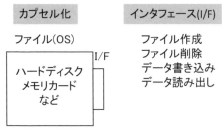

ハードウエア資源のカプセル化とインタフェース（ファイル）

COFFEE BREAK

ツイッターのリツイートは
ハイブリッド型

　Aさんがツイッターで「○○のコンサートにいます」とツイート（つぶやき）すると、それがAさんのタイムラインに表示される。他の人は、Aさんのタイムラインを見ることで、Aさんのツイートを閲覧することが可能になる。

　このとき、閲覧者の一人であるBさんがAさんのツイートをリツイートすると、Bさんのタイムラインに Aさんのツイートがコピーされることになる。すなわち、Aさんのツイートが拡散、分散することになる。その結果、Aさんのツイートは、AさんとBさんの二つのタイムラインで閲覧することが可能であることから、ツイートの提供者が順次拡散することになる。

ツイッターのリツイートの原理
（Napsterと同じ仕組み）

ここで、ハイブリッド型のP2PであるNapsterを思い出してほしい。Napsterでは、ファイルの閲覧者（ダウンロード者）が、次にはそのファイルの提供者になった。つまり、ファイルのダウンロードを契機にファイルが分散し、ファイルの提供者が順次拡散していくことになる。

　このようにツイッターのリツイートやフェイスブックのシェアなどは、Napsterと同じ原理（情報の提供者が順次拡散）で実現されていることから、ツイッターのリツイートやフェイスブックのシェアをハイブリッド型のP2Pに分類することが可能なのである。

第Ⅱ部

地域活性化に役立つICT理論

1 オブジェクト指向：寿命とピア設計

　ソフトウエア工学において、オブジェクト指向と呼ばれる考え方がある。これは、ソフトウエアシステムを設計する際に、システムの「機能」ではなく、「オブジェクト（モノ）」に着目するという考え方である。これに対して、機能に着目する設計手法を機能指向と呼ぶ。

　たとえば、「乗り物」システムをオブジェクト指向で設計する場合を考えてみよう。

　「乗り物」オブジェクトの「子」のオブジェクトとして、「車」オブジェクト、「船舶」オブジェクト、「飛行機」オブジェクトを挙げることができる。さらに、「車」オブジェクトの「子」には、「普通車」オブジェクト、「トラック」オブジェクトが存在する。「乗り物」からみれば、「普通車」は「孫」になる。

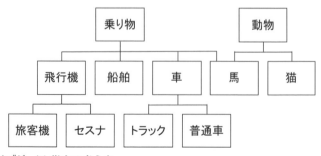

オブジェクト指向の考え方

逆に、「乗り物」は「車」の親として定義される。このように、親子関係を有するオブジェクトのことを、特に区別して「クラス」または「クラスオブジェクト」と呼ぶ。親子関係のあるクラス間では、親の特性を引き継ぐことができる。これを、「継承」と言う。たとえば、「人を運ぶ」という「乗り物」の特性を、子クラスである「車」「船舶」「飛行機」は継承できるのである。人間がDNAを介して、親から子へと遺伝子情報を継承するのと同様である。

　オブジェクト間に親子関係があるか否かを簡単に確かめることができる。これを、「is-a」もしくは「a kind of」の関係という。たとえば、「車 is a kind of 乗り物（車は乗り物の一種である）」は成立する。従って、「乗り物」と「車」の間には親子関係が成立するのである。ちなみに、「馬」は「乗り物」の一種であると同時に、「動物」の一種でもあることから、二つの親クラスに属することになる。一方、「車」は「動物」の一種ではないことは明らかであり、そのため両者の間に親子関係が成立しないことが分かる。

　それでは、「車」と「ハンドル」の間に親子関係は成立するのだろうか。確かめてみよう。「ハンドル is a kind of 車（ハンドルは車の一種である）」となる。どうも親子関係は成立しないようである。実は、ハンドルと車の間には、「has-a」もしくは「a part of」の関係が成立する。確かめてみよう。「ハンドル is a part of 車（ハンドルは車の一部である）」が成立する。これは「手足」は「人間」の一部であると同じである。「手

足」は「人間」の一部であって、「手足」と「人間」の間に親子関係が成立しないことは明らかである。このような「a part of」の関係を有するオブジェクト間の関係を「包含」と呼ぶ。

　これまで述べたように、システムを構成するオブジェクトを洗い出し、オブジェクト間の相関関係を規定することがオブジェクト指向の特徴である。

　これに対して、機能指向では、オブジェクトよりも機能を重視する。たとえば、「走る」「止まる」「ハンドルを切る」「バックする」「給油する」など機能の洗い出しから始める点に特徴がある。

　オブジェクト指向のさらなる特徴として、カプセル化とポリモフィズムと呼ばれるものがある。カプセル化とは、データと機能をオブジェクト内部に隠ぺいし、外部から見えなくすることである。オブジェクトに対して、メッセージを送ることで、機能の実行を依頼する。つまり、メッセージを受け取ったオブジェクトは、データの内容に基づいて、メッセージを遂行するための機能を実行するのである。たとえば、オブジェクトに「3歩前進」というメッセージを送った場合を考える。このとき、このメッセージを受け取ったオブジェクトは、オブジェクトのステータス（現在位置）をデータから読み取り、目的地（3歩先の位置）を割り出し、そこに進むための機能を実行することになる。

　薬のカプセルも、苦い薬を隠ぺいすることで外部から薬の内部を見えなくしている。オブジェクト指向のカプセル化もこれと同じ考え方である。この考え方を拡張して、コンピュータ資

源、地域資源、IoT資源、教育資源などをカプセル化することでピアの設計に応用することができる。

一方、ポリモフィズム（多様性）は、同じ機能でもオブジェクトによって異なる振る舞いをすることを意味する。「乗り物」オブジェクトにおいて、同じ「給油する」という機能であっても、オブジェクトごとにその振る舞いを変えることができるのである。たとえば、「乗り物」オブジェクトが「普通車」オブジェクトの場合は、ガソリンスタンドでレギュラーガソリンを給油するが、「旅客機」オブジェクトの場合には、飛行場でジェット燃料を給油することになる。

このように、オブジェクトごとに異なる振る舞いとなる「給

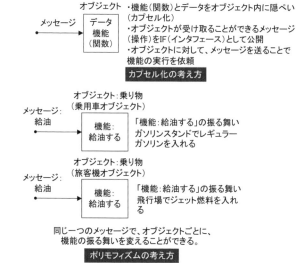

カプセル化とポリモフィズム

油する」という機能を、「給油する」という一つの機能で表現できるのがポリモフィズムである。すなわち、メッセージの送出元は、オブジェクトの実体が何であるかにかかわらず、常に「給油」というメッセージのみを送出すればよいことになる。これはシステム設計の記述性の向上に大いに寄与する。

　一方、機能指向の場合には、乗用車に給油する、旅客機に給油するというように、異なる「振る舞い」ごとに、異なる機能を用意し、その違いを意識して呼び出さなければならないためプログラムの可読性を低下させる。

　さて、優れたシステム、もしくは優れたシステム設計手法とはどのようなものであろうか。次のような点を挙げることができる。

①開発期間が短い

　短期間でシステムを開発できる。

②低コストのシステム

　低コストでシステムを開発できる。

③安定・持続して稼働するシステム

　システムのバグが少ない。もしくは、バグの修正が容易である。

④寿命の長いシステム

　システムの変更量が少ない。もしくは、仕様変更、機能追加などに簡単に対応できる。

　一般的に、システムの仕様変更や機能追加に伴うシステムの改造やバージョンアップを容易に行えることが、システム開発

やシステム運営において何よりも重要である。つまり、一度開発したら、長く使える、寿命（ライフタイム）の長いシステムが良いシステムなのである。

それでは、機能指向型とオブジェクト指向型、どちらの方が寿命の長いシステムを開発できるのであろうか。

一般的に、機能指向よりもオブジェクト指向の方が優れたシステム設計手法であると言われている。それは、次の理由による。

①機能や機能の振る舞いは、頻繁に変更される。そこで変更されることが少ないオブジェクトを中心にシステムを設計した方が、結果的に寿命の長いシステムを開発できる。

②カプセル化により、機能や機能の振る舞いをオブジェクト内に隠ぺいすること、機能を継承すること、ポリモフィズムにより必要となる機能の数を最小限にとどめることで、機能や機能の振る舞いを変更したときの波及範囲や変更量を最小限にとどめることができる。

つまり、「機能」よりも、「オブジェクト（モノ）」の方が、寿

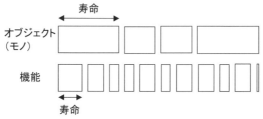

寿命（ライフタイム）の違い

命が長く、また、カプセル化により安定度・持続性の高いシステム部品を作成できるのである。

summary

・「機能」よりも寿命が長い「モノ」に着目する。
・カプセル化により、内部に閉じ込めるものと外部に見せるものとを明確に区分することで、可読性が高く安定的に動作するシステム部品を作ることができる。
・システムの仕様変更や機能追加に伴うシステムの改造やバージョンアップを容易に行えることが、システム開発やシステム運営において何よりも重要である。
・オブジェクト指向の特徴は、継承、カプセル化、ポリモフィズムである。

2 公開鍵暗号：発想の転換

 物事を一つの側面からいくら観測していても見えてこないものがある。逆に、物事をあらゆる視点、観点から観測することで見えてくるものがある。これは「マルチビューポイント」と呼ばれる設計手法である。

 新たなビューポイントで物事を粘り強く観察していると、ハッと閃くときがある。このとき、きっと「発想の転換」が行われている。固定概念によって見えなかったものが見え始めたその瞬間だ。

 こうして生まれた新たな発想は、新たな「概念」と呼ばれる新たな世界を切り開く。そして新たな概念は世界を動かす力を持っている。

 本章では、発想の転換から生まれる新たな概念の重要性を端的に表した好例として、米国生まれの公開鍵と呼ばれる暗号方式（RSA暗号方式）を紹介しよう。

 暗号とは、鍵を使って情報をロックすることにより、鍵を持っている人しか情報を見られなくすることである。この鍵のことを、共通鍵（秘密鍵）という。共通鍵とは、情報をロックするのも、アンロックするのも同じ鍵を用いることに由来している。従って、第三者に対して秘密にしなければならない鍵なわけである。そのため、第三者に漏えいしたら大変なことにな

る。たとえば、77という数字でロックし、77でアンロックするというイメージである。77が漏えいした時点で、誰もがアンロックできてしまう。

これは家の鍵と全く同じ考え方である。鍵を持っていれば家

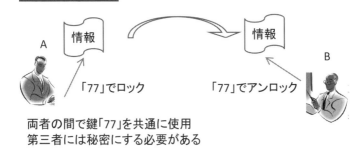

共通鍵（秘密鍵）

両者の間で鍵「77」を共通に使用
第三者には秘密にする必要がある

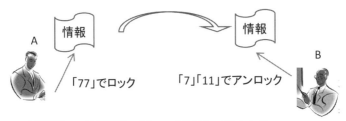

公開鍵　素数を用いた公開鍵

・公開鍵「77」は素数「7」と「11」の積として作られる
（素数のため他の組み合わせの積は存在しない）
・Bが鍵「77」を全員に公開（第三者にも公開）
・「7」と「11」を知っているBのみがアンロックできる
（大きな素数値をつかうため、簡単に逆算できない）

秘密鍵と公開鍵

に入ることができるが、持っていない人は入れない。鍵を落としてしまうと、第三者に入られてしまうのである。

ここで、技術（技術者）の観点から暗号技術を追求するならば、誰にも破れない強固な共通鍵を作ろう、短い時間でロック・アンロックできる高速な鍵を作ろう、と技術力を競うことになる。だが、どんなにすごい技術で作った鍵でも、秘密にしていた鍵が漏えいした時点で意味をなさなくなってしまう。

それでは、「概念立国」の米国は、どのようなアプローチを取ったのであろうか。ここで、彼らが出してきた答えは、「公開鍵」である。それまで、秘密にしていた鍵をそもそも隠すのではなく、鍵をすべての人に公開しようという、これまでにはなかった全く新しい発想から生まれた新たな概念の暗号である。鍵を秘密にする必要がないわけだから、漏えいを心配する必要もないのだ。ところで、第三者に鍵を公開してしまって大丈夫なのか。

公開鍵の仕組みを簡単に説明すると、Bさんは、二つの素数を選択する。ここでは、7と11を選んだとしよう。そしてこれらの積を求める。積は77となる。この77を公開鍵として、第三者に公開するのである（実際はもう少し複雑だが、ここでは簡略化）。

公開された鍵77を用いて、第三者のAさんは情報をロックする。一方、Bさんは、素数7と11を用いて、この情報をアンロックする。積が77となる2つの素数は、7と11であることを知っているBさんにしかアンロックできない訳である。そ

のため、公開鍵77を不特定多数の人に公開しても安全なのだ。

ここで、疑問を持つかもしれない。誰だって、積が77になる素数は、7と11だと分かってしまう。つまり、簡単に逆算できてしまうのである。そこで実際には、簡単には逆算できないような大きな桁数の素数を用いるのだ。ここで、素数を用いる点がミソである。たとえば、4と6を用いれば、積は24となる。しかし、24となる数の組み合わせは、「2と12」「3と8」「4と6」と3通りもある。これでは、どの鍵でアンロックして良いのか分からなくなってしまう。素数を用いることで、組み合わせは常に一通りとなり、この問題を解決できるのである。

「この発想の斬新さ、発想の転換に驚かされませんか？」、まさに、コロンブスの卵なのである。

そういった意味においては、ブローカレス理論も同様である。それまで、ブローカ（サーバ）の存在が当然であったネットワークにおいて、ブローカの存在を前提としなくてもブローカが存在したときと同じようにネットワークを構築するというコンセプトは全く新しいものであり、コロンブスの卵だったわけだ。これまで「秘密」にすべきと考えてきた鍵を「公開」するという発想、「永続的なコネクタとして必ずその存在を前提に考えてきたブローカ（サーバ）」を「ブローカの存在を前提としない」という発想は、どちらも逆転の発想である。このように斬新でシンプルな発想ほど、一般的に理解されにくいものなのだ。しかしながら、そういったシンプルなものほど、いった

ん理解され広まると、実は適用効果が大きいのである。

　このように、新しい概念が次々と生み出されるのが米国である。これが米国の原動力となっている。米国において、新しいビジネス、世界をリードするビッグ企業が次々と生まれている背景はこのようなところにあるのだ。米国は、新たな発想、理念、概念を大切にし、資金提供を含めた形で、それを育てていく環境が整った国であるといえる。出る杭は打たれないのだ。そしてこれこそが、新たなビジネスやマーケットを生み出す源泉に他ならない。

　筆者は、概念は技術を凌駕すると考えている。技術は日々進歩するものであるが、概念は無から有を生み出す。たとえば、公開鍵という新たな概念から、RSAと呼ばれる暗号技術が生まれた。最近では、楕円曲線など公開鍵を実現するための新たな技術が次々と開発されている。このように、一つの概念のもとで、技術は常に進歩していくのである。

　もちろん技術は大切であり軽視すべきものではないことは言うまでもないが、概念、理念なき技術は役に立たない。そして、新しい技術を生み出す原動力こそが概念なのである。つまり、技術よりも上位レイヤーに位置づけられる概念は技術よりも寿命が長く、効果、影響力も大きいのである。

summary

・マルチビューポイントが新たな発想(発想の転換)を生む。
・新たな発想が新たな「概念」を生む。
・新たな概念は世界を革新する力を持っているが、最初は理解されにくい。
・概念のもと新たな技術が生まれる。
・例:これまで秘密だった鍵を、逆に公開しようとの新たな発想(発想の転換)が、公開鍵と呼ばれる新たな概念の暗号方式を生み出した。
・例:仲介者(サーバ)の存在が前提であったコミュニケーションにおいて、逆に、サーバの存在を前提としないという新たな発想が、新たな概念のコミュニケーションモデルであるブローカレス理論を生み出した。
・例:モノが主役であったブランディングの世界において、活動、繋がりをブランディングするという新たな発想が、地域コミュニティブランドと呼ばれる新たなブランディングの概念を生み出した。

3 リーマン予想：物事の本質

　概念の創出や拡散に際しては、物事の本質を見極めることがとても重要になるが、それは簡単なことではない。日々考え続け、思い続けてこそ見えてくるものがあるからだ。

　ブローカレス理論も同じであった。研究に着手した当初、暗中模索の中、その姿をほとんど見ることができなかった。おぼろげにその姿が見える程度であった。しかしながら、何年間も考え続けることで、姿を隠していた霧が少しずつ取れていき、あるとき急にその全貌が目の前に姿を現すのである。急に自転車や竹馬に乗れたときのように。つまり、本質を見極めようと思う気持ち、やり続ける強い心が大切なのである。

　そして、物事の本質を見つけると、それがいろいろな所に活用できることに簡単に気付けるようになるのである。たとえば、ブローカレス理論は、インターネットにおいて、コンピュータ資源を自己組織化させるために考案されたものであるが、地域における人間社会、人的ネットワークに活用できることに気付いたのである。コンピュータネットワークも人的ネットワークも、その本質は同じものであること、同じ理論で異なる世界を実現できることに気付いたのだ。

　ノーベル物理学賞を受賞した東京大学名誉教授の小柴昌俊さんの言葉を思い出す。「成功した最大の理由はカンである。しか

し、考えに考え抜いたうえでのカンは当たるものなのです」

そこで、一つお願いが。「最低3年間は、一つのテーマをやり続けませんか。会社を退職することなく続けませんか。1年では本質は見えてきません。起業するにしても、転職するにしても、研究テーマを変えるにしても、その前にベストを尽くしましたか。あれこれいろいろなものに手を出していませんか。途中リタイアで、周りに迷惑をかけていませんか」

さて、本質を見極めることの重要性、本質の持つ共通性を端的に表した事例としてリーマン予想を紹介しよう。

リーマン予想とは、ドイツの数学者ベルンハルト・リーマンが提唱した数学の難問である。1859年に提唱されたリーマン予想は、150年以上経った今日においても解かれていない問題で、ポアンカレ予想、P≠NP予想と並ぶ今世紀最大の難問の一つである。

リーマン予想とはどのようなものなのか。それは、「ゼータ関数の実部が0と1の間にあり、零点の実部はすべて0.5である。すなわち一直線上にある」という予想である。

「これで、意味が分かりますか？」本書は数学の専門書ではなく、リーマン予想を数学的に正しく解説することを目的とし

| 2 | 3 | 5 | 7 | 11 | 13 |

素数の出現間隔

ていない。そこで、リーマン予想の仮説が良く理解できないという方のためにも、数学的にはまったく厳密ではないけれども、論点が明確になるよう、少々のデフォルメを加えて解説する。

　ゼータ関数とは素数から構成される関数である。素数とは、1と自分自身以外では割り切れない正数のことである。たとえば、「2, 3, 5, 7, 11, 13, …」など。ここで、素数の出現間隔に着目しよう。この素数の出現間隔に何らかの意味があるのだろうか。長い間、素数の出現間隔に何らかの意味があると主張する数学者と、まったく意味がないと主張する数学者とで意見が分かれていた。

　一方、原子や素粒子に関する研究分野として量子物理学という学問がある。ウランなどの原子核のエネルギーレベルを研究する量子物理学者が、ウランなどの原子核のエネルギーレベルは一定ではなく、常に変動していることを突き止め、そのエネ

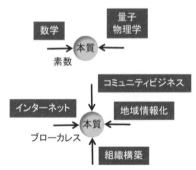

本質が持つ共通性と多様性（マルチビューポイント）

ルギーレベルの間隔分布を明らかにした。

そして、なんと驚くことに、このエネルギーレベルの間隔が、素数の出現間隔とピッタリ一致したのである。正しくは、素数の出現間隔に一致したのではなく、素数からなるゼータ関数の零点の間隔分布に一致したのであるが、ここでは話の本題には影響しないため、エネルギーレベルの間隔と、素数の出現間隔が一致したこととして話を進める。

つまり、数学の世界と量子物理学の世界で同じ現象が起きていたのである。いままで、無秩序な数の並びと思われていた素数が、自然界と深い繋がりがあること、素数が自然界の構成要素の一つであることが分かったのである。誰も、両者の間に強い繋がりがあると考えもしなかったのである。これを聞いて、「ワクワク、ゾクゾクしませんか？」本質が持つ美しさに。

筆者がこの話を聞いて、最初に感じたことは、不要な贅肉を削ぎ落として、最終的に残ったもの、これを「本質」と呼ぶならば、「物事の本質はあらゆる分野、あらゆる状況に共通的に通じるものである」ということであった。「本質」はあらゆるものを繋げるといえるかもしれない。逆説的に言えば、万物に共通するからこそ「本質」なのであって、本質を見極める目がいかに大切であるかということである。これは、地域におけるプラットフォーム化を進めるにおいても応用できる考えである。

このような観点（マルチビューポイント）で「ブローカレス理論」を眺めたとき、ブローカレスやイトコの考え方が地域における人間社会を構築する上において重要な構成要素であり、

これが一つの「本質」であるならば、インターネット、地域情報化、コミュニティビジネス、企業や地域での組織など、さまざまな分野、領域において、ブローカレス理論が適用可能であると考えるようになった。

これまで、インターネットや地域情報化の分野において、さまざまなプロジェクトや実証実験を行うことで、ブローカレス理論の有効性を明らかにしてきた。そして、今、地域活性化、コミュニティビジネスの分野において、ブローカレス理論の有効性を明らかにする取り組み、すなわち、地域活性化、コミュニティビジネスの分野においても、ブローカレスが「本質」であることを明らかにするための壮大な実証実験が進められている。これこそが、「地域コミュニティブランド」の概念・理念であり本質なのだ。これが、ブローカレス理論という「本質」を用いて、人的ネットワークを構築、地域コミュニティを構築するという発想に繋がっているのである。

富士山の山頂に到達するまでの登山ルートは複数存在する。どのルートを選択するかは個人の自由である。しかしながら、「全員が富士山の山頂を目指す」という「理念・コンセプト」を共有・拡散していれば、必ず全員が山頂で出会い、繋がることができる。複数の道も一つのゴールへと繋がっているのだ。目指すゴールさえ共有できていればいずれは到達することができる。このように、理念・コンセプトは、活動を進める上で、迷ったときの進むべき道の道標、羅針盤となってくれる。まずは、活動してみよう。これも大切だ。でも、活動している中

で、道に迷ったり、失敗したり、進むべき道が見えなくなるときが必ずある。そのとき、救いの手を差し伸べてくれるものは、理論、理念、コンセプトなのだ。これを常に心に留め置くことが、結果的に持続可能な息の長い活動に繋がる。「常に理念、コンセプトを意識する。そしてそれを活動として拡散する」という意識改革をしてみよう。きっと、これまでと違った世界が見えてくるはずだ。

　そろそろ、地域においても、地域活性化やコミュニティビジネス創発のための、共通概念を確立し拡散しなければならないときがきているのである。本書では、この共通概念をプラットフォームと呼んでいる。このプラットフォームが地域の課題を解決するための共通基盤となることで、このプラットフォーム上で地域の活動を効率的に展開できるのである。

summary

・概念の創出や拡散に際しては、物事の本質を見極めることがとても重要になる。
・本質を見極めることの重要性、本質の持つ共通性を端的に表した事例としてリーマン予想がある。
・物事の本質はあらゆる分野、あらゆる状況に共通的に通じるものである。
・「常に概念、理念を意識する。そしてそれを活動として拡散する」という意識改革をしてみよう。きっと、これまでと違った世界が見えてくる。

4 WWW：繋がる

「繋がり」に重点を置いた先駆的な技術にWWW（World Wide Web）がある。WWWは、世界中に張り巡らされた蜘蛛の巣という意味で、1991年に公開され、世界中に爆発的に普及したドキュメントシステムである。一般にはホームページやWebページといった方が分かりやすいかもしれない。インターネット上の情報発信システムとしても広く利用され、我々の生活に欠かせないものになっている。

ところが、WWWが登場する以前は、情報発信者の各々が、情報コンテンツを独自仕様に基づいてインターネット上にアップし公開していた。そのため、それぞれの情報コンテンツを連携させることや、公開された情報コンテンツを体系的に管理することが困難だった。すなわち、すべての情報コンテンツはインターネット上の「点」として点在していた。

もしくは、電子図書館のようなサーバに情報コンテンツを集

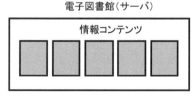

電子図書館（コンテンツの集中管理）

積し、ユーザに対して一元的に提供するといった中央集権的な情報コンテンツの管理、配信が一般的であった。そのため、広く一般に普及することはなかった。

これに対して、WWWの導入により、Web網（Webプラットフォーム）上に情報コンテンツ（Webページ）をアップし公開するようになった。その結果、それまで無秩序に点在していたページが有機的に繋がることで、点の集合としての「面」を形成できるようになった。これにより、従来に比べて格段に情報コンテンツを閲覧しやすくなるとともに、情報コンテンツが相互に繋がったことによるシナジー効果が生まれた。

また、Webページの体系的な管理も可能になり、これが検索サービスの出現を可能にした。このような情報コンテンツに対するプラットフォームであるWebプラットフォームの導入により、Webページの数が境界点を超え始めると飛躍的にその数が増えることになり、巨大な情報マスを形成するようにな

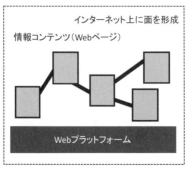

WWW（コンテンツの分散管理）

った。このように共通的なプラットフォームの導入という考え方は、普及の加速や管理の容易性といった観点からも有効な手段であり、情報発信、情報共有のための共通基盤、インフラストラクチャーとして活用されるべきものである。このように、Webプラットフォームのキーワードは点である情報コンテンツを繋げることで面を作ることである。

　ブローカレス理論では、この考え方をさらに進めて、インターネット上に存在するすべてのコンピュータデバイス、ネットワーク機器、コンテンツなどのコンピュータ資源を、ネットワーク上の最小単位であるピアとしてカプセル化（仮想化）し、ピアを自己組織化、自律分散協調させることで、フレキシブルなネットワークコミュニティの構築、コンピュータ資源の繋がりを可能にしたのである。

　さらに、地域コミュニティブランドでは、地域資源をピアとしてカプセル化し、ピア同士をP2P技術により繋げることで、地域資源の繋がりを形成した。

　ブローカレスモデルの登場以前は、「ブローカを介して、個人やグループに情報を配信する」というコミュニケーションモデルが一般的に用いられてきた。これに起因して、配信規模、配信コスト、配信の自由度などの面で大きな制約を受けていた。その反面、ブローカは配信する情報の選別、情報コンテンツの品質・内容保証を行うことが可能である。

　たとえば、公共放送局や図書館などが莫大な予算で構築している情報データベースはその典型例といえる。本来、ブローカ

モデルとブローカレスモデルは、適用分野に応じて使い分けられる必要がある。つまり、ブローカレスモデルはブローカモデルを淘汰するものではなく、互いにすみ分けられ、補い合うものなのだ。逆に、これまでブローカレスモデルという選択肢が存在しなかったために、ブローカレスモデルと親和性が高い地域情報化などの適用分野に対しても、ブローカモデルで実現していたことが問題なのである。そのためにさまざまな問題が顕在化してきた。そして、ブローカレスモデルの登場により、多くの人がそのことに気づき始めた。パンドラの箱は開けられたのだ。

このような柔軟性に欠けるブローカ中心の情報配信モデルから、ブローカの存在を前提としない個人中心、すなわちブローカレス型の情報配信モデルへの扉を開いた革新的な概念がWWWである。

WWWは、誰もが自由にホームページを開設し、情報発信することを可能にするとともに、ホームページ間のリレーションシップ（ホットリンク）を定義することによる情報配信ネットワークの自己構築、自己増殖、自然淘汰を可能にした。

ブローカレスの本質は、このようなWWWの中に見出すことができる。つまり、ユーザ同士がコミュニケーションを行うに際して、「ブローカの存在を前提にしない」ことが ブローカレス（ブローカレスモデル）の本質であり、WWWは配信レイヤーにおけるブローカレスの最初の成功事例とみなすことができる。

そして、ブローカレス理論が提案した探索・グルーピング・共有機構などを用いたコミュニティの自律的な形成、自己増殖、自然淘汰モデルにより、個人中心のコミュニケーションの形態が新たなステージへと飛躍した。ブローカレスの実現技術の登場により、ＷＷＷを用いた一方向のコミュニケーションから、参加型コミュニティに基づくコミュニケーションへと進化した。このようなブローカレス理論のコンセプトは斬新であり、暮らしの中のちょっとしたコミュニケーションから大規模ビジネスまで、さまざまなシーンにおいて利用することができる新たなコミュニケーションモデルを実現する。

　そして、これは我々のコミュニケーション手段やライフスタイルを大きく変革させる潜在パワーを秘めている。その可能性は無限であり、新たなコミュニケーションのあり方を明らかにする取り組みがすでに始まっている。

　また、社会科学や人文科学などとの関わりを持ちながら、そもそもコミュニケーションはどうあるべきか、本当に我々の生活を豊かにしてくれるのか、人間に優しいサイバーコミュニティとはどうあるべきか、を追求していかなければならない。主役はあくまでも人間であり、技術ではない。

　たとえば、電話のコールバック用ツールとして開発されたポケットベルは、若者による語呂合わせのコミュニケーションツールとして発展した。これなどは、当初想定していなかったコミュニケーション形態をユーザ自らが創造した典型的な事例である。また１９８０年代初期、多くのネットワーク専門家・評

論家が、ボトムアップアプローチでベストエフォートタイプのインターネットに対して、その普及・発展に疑問を呈したように、1980年代後期に登場したWWWに対しても、次のような理由から、その発展を疑問視した専門家や評論家がたくさんいた。

① 情報の品質、信用度が低い

　ホームページのコンテンツは、個人が作成し、掲載する。厳選された情報だけが掲載されるわけではない。百科事典のような監修、編集、校正、内容保証が十分に行われているわけではない。

② コンテンツの量が少ない

　WWW登場初期においては当然のことであるが、ブローカが作成した従来コンテンツに比べて、その数が圧倒的に少なかった。少なければ利用されることはない、利用されなければ作成されることはないという「鶏と卵」の関係にあった。広く利用されるためには、境界点（クリティカルマス）を超えるコンテンツの量が必要になるが、WWWは個々人がコンテンツを自律的かつボトムアップ的に積み上げるビジネスモデルであり、それを政策的に主導するブローカが存在しないため、クリティカルマスの確保が困難である。

③ インセンティブ（モチベーション）がない

　報酬を要求することなく、ボランティアとしてコンテンツを作成する人はごく一部であり、これが大勢になることはない。つまり、コンテンツを作成するためのインセンティブが存在し

ない。

④ 仕組みが陳腐

QoS（Quality of Service）などの概念がなく、仕組みも単純で陳腐である。

しかしながら、このような論評が誤りであることは歴史が証明している。そして、WWWこそが、ブローカレス時代の到来を予見させる歴史的分岐点となった。ブローカの存在を前提とすることなく、個人が自律的かつボトムアップ的に自己組織化することを基本精神とするブローカレスには、ブローカ主導のトップダウンアプローチにはない「自己増殖・自然淘汰」のメカニズムが息づいている。本来、人間は自律的にコミュニケーションする生き物である。そして、ブローカレスモデルは情報発信を欲求する人間の行動・活動様式にマッチしたコミュニケーションモデルを提供しているのである。

summary

・WWWは1991年に公開され、世界中に爆発的に普及したドキュメントシステムである。
・WWW登場前は、すべての情報コンテンツはインターネット上の「点」として点在していた。
・WWWの登場により、それまで無秩序に点在していたページが有機的に繋がることで、点の集合としての「面」を形成できるようになった。
・ブローカレスモデルはブローカモデルを淘汰するものではなく、互いにすみ分けられ、補い合うものである。
・ユーザ同士がコミュニケーションを行うに際して、「ブローカの存在を前提にしない」ことがブローカレス（ブローカレスモデル）の本質であり、WWWはブローカレスの最初の成功事例とみなすことができる。

5 P2P：ブローカレスな世界を実現

ブローカレス理論の歴史

1998年に筆者が提唱したブローカレス理論は、自己組織化型・自律分散協調型・ボトムアップ型のネットワークコミュニティをインターネット上に構築するためのネットワーク理論である（星合隆成、2000）(星合隆成、2001a)(星合隆成、2001b)(星合隆成、2004)(NTT技術ジャーナル、2004)(Hoshiai、2010)(SIONet、2008)(ITpro、2001)。

1998年発表当初、全く注目されなかったブローカレス理論であるが、2000年3月にファイル交換システムであるGnutella（グヌーテラ）の登場によって、世界初のP2Pネットワーク技術としてブローカレス理論が一躍注目されるようになった。

これを契機に、ブローカレス理論は多くの分野で利用されるようになった。代表的な活用事例を以下に示す。なお、SIONet（シオネット）は、ブローカレス理論をソフトウエアとして実装した「P2Pプラットフォーム」であり、NTTの商品名である（SIONet、2008）。

P2PプラットフォームであるSIONetを用いて、これまでに多くのP2PシステムやP2Pサービスが開発されている。

（1）NTTフレッツ光の加入者パソコンを繋げることで、仮想

的なスーパーコンピュータを実現(NTT西日本、2005)(日経コミュニケーション、2005)(ITmedia、2007)(NTT研究開発この一年、2004)

(2) 愛知万博に100万人の回覧板を出展(日経バイト、2004)(日本経済新聞、2005)。この指止まれをした人に共感した同好の士が「友達の友達は友達である」型のコミュニティを構築するシステムを愛知万博に提供し、多くの万博入場者、参加者が利用

(3) 愛媛県医師会、愛媛大学医学部附属病院等と連携した愛媛県病院連携システムの開発、運用(日経インターネットテクノロジー、2002)。本システムは2002年情報化月間推進会

世界初のP2Pネットワーク技術「ブローカレス理論」
電気通信協会(オーム社), 2003.7

議議長賞を受賞（情報化月間、2002）

（4）博報堂とのSNS実証実験（田村大、2002）(桐生タイムス、2004）

（5）NPO法人桐生地域情報ネットワークとの地域情報化の取り組みとして、ブローカレス理論を用いた次のプロジェクトを実施

・NTTとのSIONetを用いた共同実験（INTERNET Watch、2004）(NTT、2004）

2001年4月27日

サーバを介さないピアツーピアの新技術「SIONet」を開発
－個人が主体となったインターネットの新たな利用法を提案－

　日本電信電話株式会社（NTT）は、サーバを介さない新しい通信として期待されているピアツーピア（P2P; Peer to Peer）の新技術SIONetを未来ねっと研究所において開発しました。P2Pは、インターネットの新しい利用法として注目を集めている技術です。P2Pの利用例としては、Napster、Gnutella等のファイル・データ交換が良く知られていますが、これらはいずれも単一目的のシステムであり、P2Pの一利用例に過ぎません。
　NTT研究所の開発したSIONetはファイル交換に限ることなく、個人が主体となり自由で多彩な情報送受をサポートするサービス、企業向け共同作業支援サービス、分散コンピューティングなど、多彩なP2Pサービスに適用可能な技術です。また、信頼性対策、大規模化対策など、数多くの人々が安心してP2Pサービスを利用可能とするための機能が盛り込まれており、世界最高水準のP2P技術といえます。SIONetにより、個人が主体となった自由な参加型コミュニティを構築することが可能となり、インターネットの用途が飛躍的に広がります。

NTTのホームページより一部抜粋
http://www.ntt.co.jp/news/news01/0104/010427.html

SIONetの報道発表

・2003年電子情報通信学会コミュニティ活性化研究委員会を設立（CoA、2003）
・2004年P2Pコンソシアム設立（インターネットコム、2004）（P2PCONS、2004）
・2005年総務省「地域におけるICタグの高度利用及び自律分散型ネットワーク構築に関する調査検討会（タウン情報ネット実証実験）」（日本経済新聞、2005a）（上毛新聞、2005）
・2006年群馬県「NPO協働パイロット事業（地域における放送と通信の融合に関する検討委員会）」（FCB、2006）
・2008年内閣府「地方の元気再生事業（webcom）」（桐生タイムス、2008）
・2008年経産省「にっぽんe物産市」
・2009年内閣府「地方の元気再生事業」
・2010年総務省「地域ICT利活用広域連携事業（伝統文化の森）」（桐生タイムス、2010）など

（6）NTT西日本とのSIONetを用いたゲームシステムの開発

日経ネットナビ, No.68, pp.22, 2002.1より一部抜粋

参加者のリソースを使い大量の情報処理、Uber(ウーバー)の登場を予想

(7)経済産業省次世代型新IT環境研究会（2006）にP2Pの普及の観点から委員として参画

　このようなブローカレス理論を、インターネットにおける自己組織化ばかりでなく、地域における人的ネットワークの構築や地域コミュニティの醸成に活かそうとのアイデアが地域コミュニティブランドの基本コンセプトである。すなわち、地域コミュニティブランドは、地域に点在する地域資源をブローカレス理論に基づいて繋げようとの試みなのである。

　以下に、ブローカレス理論の概要ならびにブローカレス理論・SIONet（シオネット）の活用事例について詳しく説明する。

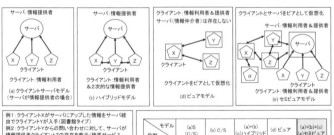

トポロジーのまとめ

ブローカレス理論の概要

1998年に提唱されたブローカレス理論は、従来のコミュニケーションモデルである「クライアントサーバモデル」「ハイブリッドモデル」に加えて、新たに「ピュアモデル」と「セミピュアモデル」と呼ばれるコミュニケーションモデルを提案することにより、インターネットにおけるコミュニケーションモデルを4つのモデルとして体系化した（星合隆成、2003）。

また、ピュアモデルとセミピュアモデルにおいては、「イトコ」と呼ばれるインセンティブ、トラスト、コネクタの3つの要素が必要不可欠であることを明らかにした。さらに、サーバントの考え方や、ピアグループ間の連携方法として、芋づる式（同時参加モデル）などを提案した。

①クライアントサーバモデル

クライアントサーバモデルでは、サーバ（ブローカ）がクラ

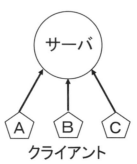

クライアントサーバモデル

イアントを繋げるコネクタとなる。クライアントはサーバを介してのみコミュニケーションすることが可能である。従って、サーバは永続的にコネクタの役割を果たす必要があり、サーバがダウンした時点ですべてのコミュニケーションが不可能になる。そのため、サーバを持続可能にするためのコストが負担になることが多い。また、クライアントの数が増加するとクライアントに対する応答性が悪くなる、サーバがオーバーフローを起こす（サーバがボトルネックになる）、といった問題を有している。一方で、サーバによるキメ細かなサービスを提供可能、サーバがコミュニティを安定的に運営可能である。たとえば、サーバがクライアントを管理しているためクライアントがコミュニティに参加するインセンティブを与えやすい、コミュニティのトラスト（信用）を醸成しやすいといった特長を有している。これは、1980年代前半に登場したモデルであり、現在においても広く活用されているが、中央集権的・トップダウン的なコミュニケーションモデルと言える。

　このクライアントサーバモデルを地域コミュニティの構築に用いると、コミュニティを持続的に運営するためのコストが特に問題となる。

　なお、クライアントサーバモデルは次の3つのタイプにさらに細分化される。

・サーバが情報提供者であり、クライアントはサーバからの情報提供を受ける。たとえば、サーバが保有するファイルをクライアントが入手する。なお、スーパーコンピュータの利用形態

はこのモデルに相当する。

・クライアントが元々の情報提供者であるが、すべての情報をサーバにアップロードすることで、クライアントはサーバからの情報提供を受ける。たとえば、クライアントが保有するファイルを、サーバにアップロードし、サーバを介してクライアントがファイルを入手する。なお、スーパーコンピュータの利用形態はこのモデルに相当する。

・クライアントが情報提供者であり、サーバが情報提供者であるクライアント情報（インデックス情報）を管理、仲介することで、クライアントは他のクライアントから直接、情報提供を受ける。WWWにおける検索サービスなどがこのモデルに相当する。たとえば、クライアントがファイルを保有する。サーバは目的のファイルを保有しているクライアント情報を管理し、それを他のクライアントに教えることで、クライアント間でのファイル入手を可能にする。

②ハイブリッドモデル

ハイブリッドモデルでは、クライアントサーバモデルと同様にサーバを介してクライアント同士がコミュニケーションを行うが、次の点がクライアントサーバモデルと異なる。ファイル交換を例に説明する。クライアントAがサーバにファイルをアップロードし、クライアントBがそれをダウンロードしたものとする。次に、クライアントCがサーバにファイルのダウンロード要求を行うケースを考える。このとき、サーバはクライア

ントBを紹介することで、クライアントCはクライアントBとのコミュニケーションによりクライアントBからのファイル入手が可能になる。つまり、すでにファイルを入手していたクライアントBは、ファイルの要求者であると同時にファイルの提供者にもなるのである。

　このように、ハイブリッドモデルでは、サーバを介してクライアント同士が結果的にコミュニケーションする場合もあれば、サーバからの紹介でクライアント同士が直接コミュニケーションする場合もある。これにより、サーバの負荷を削減するのであるが、サーバがダウンするとすべてのサービスが停止する点はクライアントサーバモデルと同じである。これは、1998年に米国で登場したファイル交換サービスであるNapster（ナップスター）により世界的に有名になったコミュニケーションモデルである。

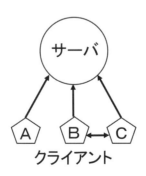

ハイブリッドモデル

③ピュアモデル

　ピュアモデルは、非中央集権的・ボトムアップ型のコミュニケーションモデルである。サーバのような永続的なコネクタは存在しない。これをブローカレス（サーバレス）もしくはブローカレスモデル（サーバレスモデル）と言う。その代わりに、すべてのクライアントが、サーバの代わりにコネクタの役割を分担して果たし、それぞれが相互に繋がり自律分散協調することで、クライアント間の直接的なコミュニケーションを可能にする。このように、クライアントとサーバの両者の役割を併せ持つことを「サーバント」と呼ぶ。

　ピュアモデルでは、クライアントを自律分散の最小単位であるピアとして仮想化（カプセル化）することでクライアント間での直接的なコミュニケーションを可能にする。なお、『ブロー

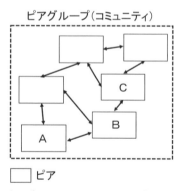

例：ピアAはクライアントAをピアとして仮想化（カプセル化）したもの
・サーバは存在しない

ピュアモデル

カレスモデルとSIONet』(電気通信協会〈オーム社〉2003.7)においては、ピアのことをエンティティと呼んでいるが、両者は同義語である。

そのため、一部のピアがダウンしても、残されたピアが自己組織化することでコミュニティ（ピアグループ）を再構築し、ピア間のコミュニケーションを持続可能なものにする。つまり、持続的なコミュニティを提供し続けることが可能になる。また、サーバのような永続的なコネクタが存在しないフラットなコミュニティであるため低コストでの運営が可能になる。さらに、サーバのようなボトルネックが存在しないため、ピアの数をスケーラブルに増やすことができる。つまり、スケーラビリティの高いコミュニティを構築することができる。

一方で、ピアが自由に出入りできるフラットで緩やかな繋がりのコミュニティであり、さらに管理者が存在しないことから、安定的なコミュニティ運営、ピアがコミュニティに参加することへのインセンティブの付与、コミュニティのトラストの保証などが問題になる。

このモデルは世界初のP2P技術であるブローカレス理論や、2000年3月に登場し世界的に有名になったファイル交換ソフトであるグヌーテラ（Gnutella）が良く知られている。Gnutellaに代表されるピュアモデルでは、検索サーバの存在を前提とすることなく、目的のファイルを所有するPC（ピア）を探索することが可能である。

ピュアモデルは情報拡散力のすごさと、スケーラビリティの

高さから社会的ブームとなったが、一方で著作権侵害を助長するなどのトラストの不備が社会問題を引き起こしてしまった(アエラ、2004)。

このピュアモデルを地域コミュニティの構築に用いた場合、ピアの数が増えてくるとその問題が顕著になる。具体的には、コミュニティのコントロールが利かなくなり無法地帯となってしまう。コミュニティに参加するインセンティブを与えることが困難になる。たとえば、ボランティアメンバーが多くなるとボランティアコミュニティに参加することの目的・理念・共感などを共有することが困難になり、コミュニティが崩壊してしまうことが多い。

④セミピュアモデル

セミピュアモデルは、クライアントサーバモデル、ハイブリッドモデル、そしてピュアモデルを組み合わせた複合型モデルである。これはブローカレス理論によってはじめて提案されたモデルである。セミピュアモデルでは、サーバをピアとして仮想化(カプセル化)することで、サーバをピアとしてピアグループ(コミュニティ)に参加させることができる。そのためサーバは結果的に二つの顔を持つことになる。

一つはピアとしての顔(役割)を持つ。たとえば、サーバを仮想化したピアYは、ピアXやピアZとピアグループを形成する。このピアグループはピュアモデルになる。

一方、ピアYは、クライアントに対してはサーバの顔を見せ

る。従って、ピアXは、ピアYやピアZと直接コミュニケーションすることができるが、クライアントCとは、サーバの役割を担っているピアYを介してのみコミュニケーションすることが可能になる。これは、当然のことではあるが、クライアントCがピアではないことを意味している。

また、ピアYがダウンしたとき、ピアXとピアZは自己組織化されるため、持続的なコミュニケーションが可能であるが、クライアントはすべてのコミュニケーションが中断されてしまう。つまり、クライアントはピアではないため、クライアント

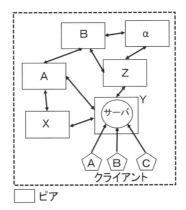

☐ ピア

例：ピアYはサーバをピアとして仮想化（カプセル化）したもの
ピアAはクライアントAをピアとして仮想化したもの
・ピアYは、ピアとサーバの二つの顔を必ず持つ
・ピアAは、ピアとクライアントの二つの顔を持つことができる

セミピュアモデル

自身が自己組織化されることはない。そのためクライアントは、ピア化されたサーバを介してのみ、クライアント間のコミュニケーションや「外の世界（他のピア）」と繋がることができる。同様に、クライアントは、クライアントであると同時に、ピアとしてピアグループに参加することもできる。このとき、クライアントはクライアントとピアの二つの顔を持つことになる。図中のクライアントAは、サーバYのクライアントであると同時に、ピアでもあることを表している。

　セミピュアモデルは、主に次の4つの目的に使用される。
・すでに存在しているサーバ同士を繋げて、大規模なサーバを構築する。市販品のPCを繋いだフレッツ光サービスの仮想スーパーコンピュータはこれに相当する。
・サーバを他のピアと繋げることでシナジー効果を発揮する。様々な活動が繋がり新たな化学反応や発火を引き起こすことに相当する。

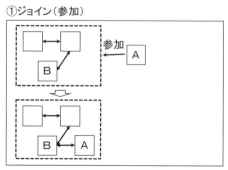

ピアグループの形成機能（参加）

・サーバとクライアントを同時にピアとしてピアグループに参加させることでサーバの負荷削減が可能になる。
・信頼性の高いサーバを、ピアとしてコミュニティに参加させることにより、コミュニティのトラストやインセンティブの保証が可能になる。これが企業、営利団体、専門家などの地域コミュニティへの参加を可能にする。また、認証機能などを持たせることが可能になる。

このようなセミピュアモデルは、高い持続性・スケーラビリティを低コストで実現するとともに、インセンティブの付与、トラストの保証も可能なことから安定的なコミュニティ運営を構築することができる。そのため、多くのビジネスシーンにおいて利用されている。たとえば、2003年に登場したインターネット電話であるスカイプ、2004年に運用を開始したNTTフレッツ光サービスにおける仮想スーパーコンピュータの構築など様々なビジネスシーンにおいて採用されている。こ

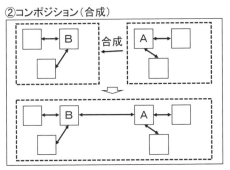

ピアグループの形成機能（合成）

のような理由から、地域コミュニティブランドでは、地域コミュニティの構築モデルとしてセミピュアモデルの利用を推奨している。

一方、ピアグループの形成機能、ピアグループ間の連携機能として、以下のものが提供されているが、地域コミュニティブランドでは芋づる式（同時参加モデル）の利用が特に推奨されている。

①ジョイン（参加）

すでに存在しているピアグループに参加する。ピアAがピアBと繋がることでピアグループのメンバーになることができる。

②コンポジション（合成）

複数のピアグループを一つのピアグループにまとめる。

③フェデレーション（連合）

複数のピアグループ間において、連携してコミュニケーションを行う。

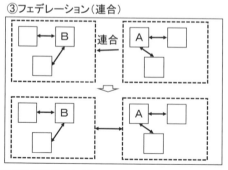

ピアグループの形成機能（連合）

④芋づる式(同時参加)

一つのピアが、複数のピアグループに同時に参加することで、当該ピアを介して、複数のピアグループが連携する。たとえば、ピアAとピアBが複数のピアグループにそれぞれ同時に参加しているとき、ピアXは、ピアB、さらにピアAを介して、ピアYと繋がることができる。つまり、友達の友達は友達であるとの考え方に基づいている。

ブローカレス理論において、パソコン、携帯電話、サーバ、ネットワークノードなどのコンピュータ機器(コンピュータ資源)をピアとして仮想化するための仕組みがカプセル化とインタフェース(IF)である。

コンピュータ機器の構成や内部情報をピア内に隠ぺい(カプセル化)し、ピアのメタデータであるプロパティやセッションなどのインタフェースのみを外部に公開することで、他のピアと相互に繋がり、サーバレス型・ブローカレス型のネットワー

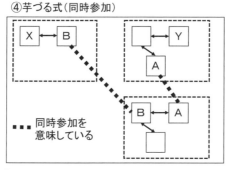

ピアグループの形成機能(同時参加)

クを形成することが可能になる。つまり、このカプセル化とIFは、ブローカレス型ネットワークの最小構成単位であるピアを作成するための仕組みであり、このピアが自己組織化し自律分散協調することでサーバレスのブローカレス型ネットワークを構築するのである。

このように、ボトムアップ型のP2Pネットワークを構築するためには、コンピュータ資源をピアとして仮想化する必要があり、そのためには、コンピュータ資源をカプセル化し、プロパティ（エンティティの特性）などをIFとして公開するといった、ピア設計が必要になるのである。

なお、地域コミュニティブランドにおいては、地域資源をピアとして仮想化するために、地域資源の構成要素（エレメント）等をピア内にカプセル化し、活動や概念をインタフェースとして公開することになる。

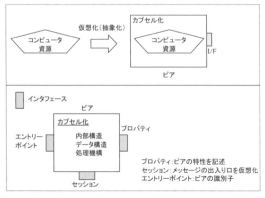

ピア構造（カプセル化とIF）

最後に、スケーラビリティ（規模拡張性）について言及する。

クライアントサーバモデルでは、クライアント数の増加に比例して、サーバの応答時間（クライアントからサーバに送出されたリクエストに対して、サーバからクライアントにレスポンスが送出されるまでの時間）が指数的（非線形）に増加することが知られている。

そのため、サーバの応答時間を一定時間に保証するためには、クライアントの数を制限するか、サーバの処理能力を増強するなどの対策が必要になり、これが投資リスクの増加に繋がる。

たとえば、図「クライアント数 vs. サーバの応答時間」のサーバAにおいて、サーバの応答時間をt以下になるようにするためには、クライアント数をC1以上に増やせないことが分かる。また、サーバBのようにサーバの処理能力を向上させる

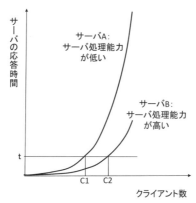

クライアント数 vs. サーバの応答時間

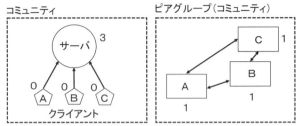

コミュニティの運営コスト

ことで、クライアント数の上限をC2まで増やすことが可能になることが分かる。

　図「コミュニティの運営コスト」に示すように、3つのクライアントを管理するコミュニティの運営コストを3と仮定する。このときコミュニティの運営コストはすべてサーバが負担することになる。そのため、クライアント数の増加に比例してサーバの運営コストも増加することになる。さらに、前述したように、クライアントの数が上限に達すると、サーバの処理能力を向上させるなどの対策が必要になる。スケーラビリティとは、クライアントの数とそれを管理するのに要するコストの比を表した性能評価尺度であり、スケーラビリティが高いほど、クライアント数の増加に比例してそのコストが線形に増加することになる。

フレッツ光サービスへの提供

　「2位じゃダメなんでしょうか？」で有名になったスーパー

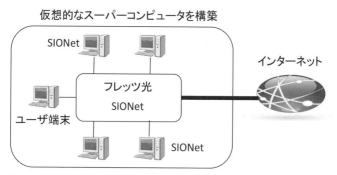

フレッツ光における仮想スーパーコンピュータ

コンピュータ。スーパーコンピュータは、体育館よりもずっと大きな建物に構築、設置され、建物自体が一つの高性能なサーバとして振る舞う。つまり、スーパーコンピュータはトップダウン型・中央集権的なコンピュータなのだ。そのため、建設費に1000億円、運営費に年間100億円程度を要することも珍しくない。

これの対極に位置づけられるのが、フレッツ光ひかりグリッドである。これは、ゼロからトップダウンでスーパーコンピュータを構築するのではなく、フレッツ光に加入しているユーザ端末（すでに存在しているコンピュータ資源）を、P2P技術、すなわちブローカレス理論（シオネット）によって、ブローカレスに繋げることで、仮想的なスーパーコンピュータを構築した商用サービスである。このひかりグリッドは、国立遺伝学研究所でのDNA分析や、はやぶさが小惑星イトカワから持ち帰った惑星探査データの解析などに利用された。

NTTがサービス提供するフレッツ光は、一般家庭からインターネットに接続するためのアクセスネットワークである。つまり、パソコンなどのユーザ端末をインターネットに繋げるためのネットワークである。これは、光の回線で構成されているため高速で大容量のデータ転送を可能にしている。

　このフレッツ光には、フレッツユーザのパソコンがたくさん接続されている。もちろん、これは、フレッツユーザがインターネットにアクセスするためであるが、このパソコンにSIONetをインストールすることで、パソコンをピアとして仮想化し、これらを自己組織化・自律分散協調させることで、信頼性が高く、安定的に動作する仮想的なスーパーコンピュー

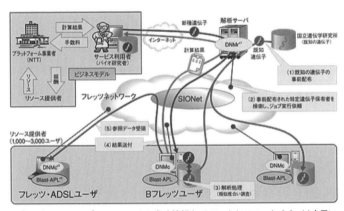

グリッドシステムのプラットフォームに意味情報ネットワーク（SIONet：シオネット）を用い、ユーザのリソース条件を意味情報に登録し、意味情報検索で発見したリソースの提供、データ分配・管理、ジョブの配信・実行状況管理、ユーザのリソース状況管理の技術

NTT研究開発この一年2004年報より抜粋
http://www.ntt.co.jp/RD/OFIS/active/2004pdf/h_pf/h_pf-03.html

仮想スーパーコンピュータの構成

タを低コストで構築しようとの取り組みがある。

 2004年に運用がスタートしたフレッツ光・グリッドサービスと呼ばれるフレッツ光サービスである。これは、高速なネットワークに繋がっている一般家庭のパソコンのCPU、メモリ、ハードディスクなどの余剰能力を活用して、スーパーコンピュータを自律的に構築するサービスなのである。

 現在、パソコンの普及に伴い、多くの一般家庭においても処理能力の高いパソコンを保有している。そして、パソコンからインターネットにアクセスするためにフレッツ光に加入しているユーザも多い。しかしながら、パソコンの処理能力が常にフルに利用されているわけではなく、この使われていない処理能力をSIONetによってボトムアップ的に集めることで、大規模な処理能力を有する仮想的なスーパーコンピュータを実現するのである。つまり、ネットワーク上に分散しているCPU、メモリ、ハードディスクなどのコンピュータ資源をブローカレスに繋げて、巨大コンピュータを作り上げるのだ。

 NTT西日本が発表したニュースリリースによれば、
①大規模な計算処理能力を実現
 現在、一般家庭においても処理能力の高いパソコンが普及しているが、その全ての能力が常に利用されているわけではなく、本サービスでは、これら利用されていない能力を多数のフレッツユーザから集約することで大規模な計算処理能力を実現する。最大約1TFlops（理論値：コンピュータの処理速度を示す単位で、1TFlopsのコンピュータは、1秒間に1兆回の

浮動小数点数演算が可能）の計算処理能力を実現した。これは世界最速のトップ500にランクインしているスーパーコンピュータの計算処理能力に相当するものである（2004年6月発表値）。

②大規模な計算処理能力を低コストで導入及び運用が可能

スーパーコンピュータの導入・運用にあたっては、機器購入費や工事費といった初期費用のほか、フロアスペース費、空調費、メンテナンス費といった運用費用など高額の負担が必要と

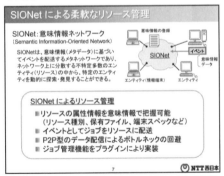

http://www.ntt-west.co.jp/news/0512/051221a.htmlより一部抜粋

グリッドサービスの提供開始について

なるが、本サービスでは、グリッドサービスを実現するシステムをNTT西日本が導入および運用管理するため、初期費用および運用費用を大幅に軽減することが可能である。

③計算処理業務量に応じてフレキシブルな対応が可能

　計算処理業務が集中する時期やあまり発生しない時期がある場合、これまでは処理業務の集中期にあわせた能力のスーパーコンピュータを導入する必要があったが、本サービスでは本サービス利用者の計算処理業務量に応じて必要な能力を柔軟に提供することが可能である。

④高セキュリティを実現

　本サービスは、フレッツユーザの各パソコンを繋つなぐネットワークに、セキュリティ機能を備えた閉域の地域IP網（v6）を採用するとともに、NTT西日本の局舎内にセキュリティ対策を施したグリッドシステムを構築するなど高セキュリティを実現しているので、安心して利用できる。

　本サービスは、次のようなグリッドサービス利用者によって活用されている。

①小惑星「イトカワ」の画像解析

　2010年6月13日、満身創痍の状態で地球に無事帰還して話題になった小惑星探査機「はやぶさ」。この「はやぶさ」から送られてくる、小惑星「イトカワ」の膨大な量の画像データを解析することは容易ではない。

　その主な理由は、一般のコンピュータでは処理能力が足らず、一方、スーパーコンピュータは利用コスト、設置スペー

ス、保守運用等が障害となり現実的ではなかったからである。そこで、一般家庭のパソコンを自律分散協調させたフレッツ光・グリッドサービスを利用することで、一般の研究者が、膨大な量の惑星探査データを高速解析やシミュレーションすることができるようになり、これまで解明されていなかった惑星の詳細な実態を、低コストで明らかにすることが可能になった。

ITmediaニュース（ITmedia、2007）によれば、小惑星「イトカワ」の画像データを一般家庭のPCによるグリッドコンピューティングで解析する実験を10月20日に始めた。探査機「はやぶさ」が送ってきたイトカワの膨大な画像データを、FTTHを利用しているフレッツユーザのPC資源を活用する「ひかりグリッド」で解析する。

具体的には、イトカワの2次元画像1枚1枚の撮影条件に合わせ、3次元モデルと航法データをもとに、太陽光の入射角度などの光散乱特性を反映させ、小惑星の厳密な見え方を再現。小惑星の表層環境を解析する。将来は表層の土砂流動メカニズムの解明にも活用する。

研究者がスーパーコンピュータを利用できる機会は限られており、実験で一般PCによるグリッドコンピューティングを研究に活用する方法を探っていく。

②国立遺伝学研究所での遺伝子研究

近年、大学、企業等の研究機関において、遺伝子分析や新薬開発など大規模で複雑な情報解析やシミュレーション等の科学技術計算処理の需要がますます増大している。しかしながら、

科学技術計算処理に用いられるスーパーコンピュータは、数十億円に及ぶものがあるなど非常に高価であり、また、設置するスペース費や高額のメンテナンス費も必要となることから、研究機関や企業等にとっては大きな課題となっていた。

これらの課題を解決するために、複数のコンピュータをネットワークで結ぶことにより、仮想的なスーパーコンピュータとして利用可能とすることで、国立遺伝学研究所と大規模な計算処理能力の実現、データの分散配置、セキュリティ技術等の検証を行うための共同実験を行い、遺伝子研究の分野で大きな成果を収めた。今回のような規模において一般家庭のパソコンを利用したデータグリッドの実験は世界でも類のない取り組みである。

具体的には、インターネット上に公開する「DNAデータ検索サイト」で受け付けたDNA塩基配列／アミノ酸の相同性検索処理（新しい配列と生物学的に近い配列を検索して機能や構造を推定する処理）を、一般家庭のパソコンのCPU等の余剰能力を利用して解析した。また、国立遺伝学研究所の保有するDNAデータベースを一般家庭のパソコンに分散して保存し、実験参加者間で解析に必要となるDNAデータを流通させて解析処理を実行した。

なお、パソコンの計算機資源を提供したフレッツユーザに対しては、月額1000円の対価が支払われる。

愛知万博への出展

2005年夏、愛知万博において、ヒートアイランドの日本を冷やす「100万人の回覧板で"打ち水大作戦"」が実施された。

これは、愛知万博のアトラクションの一つとして、万博会場の来場者に打ち水に参加してもらうとともに、次世代ネットワークである「100万人の回覧板」により全国の打ち水参加者が繋がることで、愛知万博会場を拠点とした全国一斉の打ち水を行うというものであった。

元々この企画は、愛知万博協会のプロデューサから筆者に対

愛知万博ホームページより

100万人の回覧板で"打ち水大作戦"（愛知万博）

して、2004年の春頃に直接持ち込まれたものであった。NTTの武蔵野研究所を訪問された万博プロデューサから、「予算はあまり多くはないのですが、いま話題のブローカレス理論（P2Pネットワーク技術）に基づくシステムを開発し、それを用いた展示やイベントができないか」というものであった。

そこで、筆者は、「打ち水」×「ブローカレス理論」でおもしろいことができないかと考えた。なぜなら、環境万博とも言われた愛知万博のテーマが「エコ」だったからである。風呂の残り湯や雨水を使う打ち水は、地球温暖化に待ったをかける生活の知恵である。エコをテーマにした愛知万博にぴったりだと考えた。

一方で打ち水のコミュニティは、アドホック的な特性を持つ。つまり、打ち水の決行日にバケツやペットボトルに入れた雨水などを持ち寄り、打ち水が終わるとあっという間に解散し

愛知万博での100万人の回覧板で"打ち水大作戦"の様子

てしまう。参加者は自由に打ち水のコミュニティへ出入りするため、これらを集中的・トップダウン的に管理することは困難であった。全国の至る所でゲリラ的に人が集まることでアドホック的なコミュニティが作られ、そしてそのコミュニティの寿命は短い。しかもこのような自己増殖型のコミュニティをリアルタイムに繋げなければならないが、これはブローカレス理論が最も得意とするところである。

そこで、ブローカレス理論に基づいて、「友達の友達は友達である」というような人的ネットワークを構築し、いつ、どこに雨水を持って集まろうといった様々な情報を共有・発信することが可能な100万人の回覧板を、ブローカレス理論のキラー

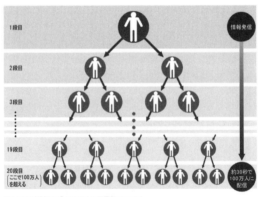

図6 NTTが構想中の「100万人の回覧板」システム
NTTは、NTTネットワークサービスシステム研究所が開発したサーバーレス通信フレームワーク「SIONet」を用いて、2005年の愛知万博(日本国際博覧会)で100万人に情報を提供するサービスを検討中。1台のノートパソコンやPDAが受けた情報を他の2台に配信する。これを多段に行うことで大規模な情報発信を行う。20段で100万台に達する。20段までの配信にかかる時間は約30秒と試算している。この規模は、クライアントサーバー方式が足を踏み入れられない領域だ。

日経バイト2004.8月号より抜粋

100万人の回覧板の原理

アプリケーションとして開発しようと考えた。

　このような活動が、ブローカレス理論の普及の良い機会になると考えた筆者はプロデューサの申し出を快諾したが、そこには一つの問題があった。それは、NTTグループが愛知万博には不参加を表明していたことであった。

　そこで、筆者がボランティアで100万人の回覧板を設計し、NPO法人KAINがシステム開発を万博協会から受託することになった。また、打ち水は、打ち水大作戦本部が推進することになった。

100万人の電子回覧板開発,日本経済新聞,2005.6.30

中日新聞によると、打ち水大作戦本部が実施した打ち水は、愛知県を始め全国で約800万人が参加し、各地で2度程度の気温低下を確認するなど大きな成果をあげたそうである。

病院間連携システムを開発・運営

2002年6月、NTTと愛媛県医師会は、SIONetを利用した病院間連携支援システムを開発したと発表した。

NTTと愛媛県医師会は、医療機関のパソコン同士でデータ共有を行える情報システムを開発し、愛媛県の病院を対象に運用を開始した。これは、過疎地の診療所からでも、希望する専門分野の医師や特定の設備をもつ病院に関して、病院の位置やベッド収容数、医師の担当分野、経歴などの各種情報を容易に

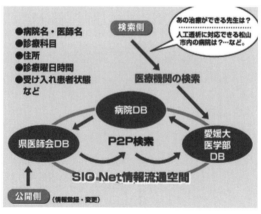

未来を創るソリューション提案誌SO 23号より一部抜粋
http://www.ntts.co.jp/SO/so23/ishin06.html

病院間連携システムの概要

検索でき、メッセージのやりとりもスムーズに行えるというものである。愛媛県内の地域ごとの医師会や大規模病院などがそれぞれ個別に運用する医療情報データベースをSIONetで自己組織化させることで、効率的な情報検索を可能にした。

当時、愛媛県医師会では県内の小規模な診療所と大規模病院との間で相互に患者を紹介する際に、紹介先の病院を検索できるシステムの開発を検討していた。たとえば、患者の症状が重いときに、診療所の医師がその病気を専門とする医師や大規模病院を検索するのに用いる。また、大規模病院の医師が、症状の改善した患者を地域の診療所の医師に委ねる際に、該当する診療所を検索するのに用いるのである。

そこで、愛媛県医師会が最初に考えたシステムは、愛媛県医師会が一つの医療情報データベースを構築し、愛媛県全体の情報を保守運用することであった。しかしながら、このような中

2002年情報化月間推進会議議長賞を受賞

央集権的なシステムでは、地域ごとの情報を集約したり、地域ごとに情報を振り分けたりといった日々の運用業務への負担があまりにも大きかったのである。

それよりも、それぞれの病院ごとに構築、運用されるデータベースを自己組織化させ、必要に応じてデータベースを自律分散協調させることができれば、運用に要する負担を大幅に軽減できると考えた。

そこで、愛媛県医師会が注目したのが、世界初のP2P技術であるSIONetである。この技術は、個人のもつコンテンツを、サーバを介さずにやりとりできるもので、情報保管にかかる負担や危険を分散できるのが特長である。非階層型や脱中央集権を狙う企業やグループに最適だといわれている。愛媛県医師会は、NTT研究所の開発した高機能P2Pプラットフォーム

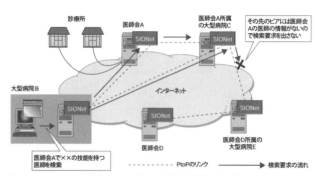

図1　NTTのPtoPソフト「SIONet」を使って愛媛県医師会の情報検索システムを構築
地域ごとの医師会や大型病院のそれぞれが管理する医療機関/医師情報の検索に、PtoP技術を採用した。各医師会/大型病院が管理するデータベース（ピア）をPtoPソフト「SIONet」でつなぎ、そのPtoPネットワークを介して検索要求が流れるようにした。

日経インターネットテクノロジー，2002.8より一部抜粋

愛媛県医師会の情報検索システム

SIONetを使い、2002年6月から実用化レベルの実験を実施し、その運用に成功した。医療機関同士がインターネット・プロトコル仮想専用網で結ばれ、ログイン認証やSSL暗号化が行われているので、セキュリティも万全である。

医療に関しては、医師の得意・不得意や治療方針、病院が所有する検査機器の設備などによって、同じ病気でも治癒に違いのあることが知られるようになってきた。患者が医療機関や治療方法を主体的に選択したいという要望も高まっている。しかし、そのための情報が、患者側にも、そしておそらく医師側にも、不足している。この事例は、ブローカレス理論の活用により、こういった状況を打開する試みとして、その成果が大いに期待できるものといえるだろう。

なお、本システムは、ブローカレス理論(P2P)の先駆的な商用利用であることが認められ、2002年情報化月間推進会議議長賞を受賞した(情報化月間、2002)。

博報堂とのSNS実証実験

コミュニティへのユーザの関わり方は大きく二種類に分類できる。一つは、コミュニティへの積極的な関わりを持ち、情報提供を積極的に行うユーザである。もう一つは、コミュニティ内に存在する情報を利用するが、自分からは情報発信をほとんど行わないユーザである。これまでのコミュニティにおいては、コミュニティに積極的に参加し、情報提供を行うユーザの存在が重要であり、情報を利用するだけのユーザは軽視される

傾向にあった。

そこで、2001年、博報堂とNTTは、後者のユーザのコミュニティへの柔軟な参加を促すことを目的としたシステムである「ワイン日記」システムをSIONet上に開発した。今でいうところのソーシャルネットワーキングサービス（SNS）である。

2002年6月から一般モニターを募集した実験により、多くのユーザが情報を利用するだけでなく情報提供にも重要な役割を果たすことで、新たなタイプのコミュニティが構築されたことを実証した。特に、コミュニティの規模と多様性を追求する際に考慮されるべき後者のユーザのコミュニティ参加を促すた

桐生新聞, 2004.6.19より一部抜粋

博報堂が参加

めには、自己組織化型・自律分散協調型のコミュニティが有効であることが明らかになった。また、他のユーザに対して醸成される信頼感が、コミュニティへの信頼感へと繋がっており、コミュニティのトラストを保証することが重要であることがここでも証明された。

NPO法人KAINと連携した取り組み

　NTTと特定非営利活動法人桐生地域情報ネットワーク（NPO法人KAIN）は、「ひとづくり」「まちづくり」のコミュニティ形成、柔軟かつグローバルな地域活性化・地域情報化の実現を目的に、先進のP2P技術であるSIONetを使用した自律分散協調型ネットワーク運用に関する共同実験を2004年5月1日から2005年3月までの約1年間、実施した。

　本実験では、一般の利用者、およびSIONet上でサービスを開発するサービス提供者などのユーザが、家庭・オフィスにSIONet動作端末（パソコン等）を配置してコミュニティを構築した。ユーザは、アプリケーションソフトを自身が所有するパソコンにインストールしてインターネット経由でコミュニティに参加する。

　コミュニティの運用では、桐生地域情報ネットワークが中心になって、コンテンツの企画からアプリケーションの開発、実証実験、実験結果の評価までを担当し、P2Pを地域に取り入れた場合の自律分散協調型コミュニティモデルの形成について検証・評価を行った。

「情報化を通して、ひとづくり・まちづくり・お手伝い」を合言葉に活動する桐生地域情報ネットワークは、その実践と研究の中から21世紀の社会基盤となるIT技術とヒューマンネットワークを融合させた「新しい隣組」の理念を提唱してきた。それと共に、この理念を実現するためのコミュニティプラットフォームの構築の必要性に迫られていた。

　一方、NTT研究所は、「非集中」「非中央集権的」「自己組織化」といった21世紀の情報システムや組織のあり方の新たな潮流を先取りするものとして、ゆるやかな連携・自己増殖性・ブローカレス・自律分散協調・局所性・連鎖反応など、人間の社会活動を情報化技術として具現化した世界初のP2P技術

（報道発表資料）

2004年4月27日
日本電信電話株式会社
特定非営利活動法人桐生地域情報ネットワーク

「ひとづくり」「まちづくり」のコミュニティ形成を実現する
産官学地域協働のP2Pコンソシアムを設立。
先進のP2P技術「SIONet」を使用した
自律分散協調型ネットワーク運用に関する共同実験を開始

　日本電信電話株式会社（以下NTT、本社：東京都千代田区、代表取締役社長：和田紀夫）と特定非営利活動法人桐生地域情報ネットワーク（以下KAIN、事務局：群馬県桐生市、理事長：塩崎泰雄）は、NTTのP2P（※1）技術「SIONet」（Semantic Information Oriented Network）を用いて、地域活性化・地域情報化を柔軟かつグローバルに展開するための自律分散協調型ネットワーク運用に関する共同実験を5月1日より開始します。
　本実験では、KAIN共同実験会員として登録された一般の利用者、およびSIONet上でサービスを開発するサービス提供者をユーザとし、KAINが提供するロケーション（運用サイト）と家庭・オフィスにSIONet動作端末（パソコン等）を配置してコミュニティを作ります。（図1）。ユーザは、アプリケーションソフトを自身が所有するパソコンにインストールしてインターネット経由（汎用インターネットプロトコル（http)を利用したインターフェース）でコミュニティに参加します。
　コミュニティの運用では、KAINが中心となって設立した産官学地域協働のKAIN-P2Pコンソシアム（※2）（図2）が、コンテンツの企画からアプリケーションの開発、実証実験、実験結果の評価までを担当し、P2Pシステムを地域に取り入れた場合の自律分散協調型コミュニティモデルの形成について検証・評価を行います。

NTTのホームページより一部抜粋
http://www.ntt.co.jp/news/news04/0404/040427.html

NPO法人KAINとの共同実験

「SIONet（シオネット）」を開発し、新しい情報発信システムの創出に向けて研究開発を進めてきた。

そして、SIONetが桐生地域情報ネットワークの目指す「まちづくり」にとって極めて有効なコミュニティプラットフォームであるとの考えのもと、NTTと桐生地域情報ネットワークの役割分担に基づく共同実験の実現となった。

本実験は、SIONetプラットフォームやアプリケーションの利活用を通じて、人と人を繋ぐ真のネットワーク技術の醸成を目的とする。また、実現した機能およびシステムを実フィールドで実験的に運用することにより、利用者の意見やシステム運用データを収集し、さらなる機能拡張・システム拡張への改善研究も行った。

本実験では、提供する具体的なコミュニティスペースとして、いくつかのプロジェクトにおいて、自律分散協調型P2Pネットワークの本格運用に向けた検証を行った。

①アドホックモール

アドホックモールは、個性豊かな工芸作家自身が自主的・自律的に参加して、創発・運営されるコミュニティである。作家一人一人が、ストアページを持ち、メンバー同士でお店コミュニティを生成できる。また、購入者（モール利用者）がパソコンだけでなく携帯電話からも利用できて、モールへの意見や感想が反映されるシステムを構築することで、アドホックモールを介して、作品の販売やユーザとのコミュニケーション、新作を出品した際のメッセージの通知や、作家とユーザのビデオチ

ャットなどが可能になった。

　それにより、出店者である作家と利用者が一体となったコミュニティを実現した。さらには、コミュニティビジネスのモデル形成にも役立つ可能性を秘めていること、桐生地域の活性化にも役立つことへの期待から、実験では、自発的情報発信のインセンティブの検証及び、P2P型のコミュニティビジネスモデルが成り立つかを検証した（桐生タイムス、2004b）。

②桐生地域情報ネットワークとのワイン日記を用いた実証実験

　2001年に、NTTと大手広告会社「博報堂」が共同開発した「ワイン日記」システムを用いて、2004年5月1日より桐生地域においても実証実験が行われた。ユーザがパソコン上に

EiC 電子情報通信学会　**コミュニティ活性化時限研究専門委員会**
Technical Committee on Community Activation(CoA)

委員長	公文俊平(多摩大学情報社会学研究所)
副委員長	中里秀則(早稲田大学)
幹事	塩崎泰雄(NPO法人桐生地域情報ネットワーク)
幹事	金光永煥(早稲田大学)
委員	富山慶典(群馬大学)
委員	川島幸之助(東京農工大学)
委員	国領二郎(慶應義塾大学)
委員	加納貞彦(早稲田大学)
委員	坂本世津夫(高知大学)
委員	星合隆成(NTT)
委員	須永宏(NTT)
委員	池田正昭(打ち水大作戦本部)
委員	楠正憲(マイクロソフト株式会社)
委員	梅田英和(株式会社スカイリーネットワークス)
委員	佐々木俊郎(コガソフトウェア株式会社)
委員	小林寛三(NECソフトウエア株式会社)
委員	原聡一郎(横浜市民メディア連絡会)
委員	柳田公市(NPO法人ナレッジネットワーク)
委員	和崎宏(NPO法人はりまスマートスクールプロジェクト)
委員	藤井資子(慶應義塾大学)
委員	柵富雄(富山インタネット市民塾)
委員	小保方貴之(有限会社ブレス)

電子情報通信学会ホームページより一部抜粋
http://www.ieice.org/~coa/index2.html

コミュニティ活性化委員会

記述したワインの感想や情報を共有する「ワイン日記」を運用した。ユーザが入力したワインの銘柄や品種といった基本情報と感想などを、SIONetを利用して共有することで、他のユーザのワイン情報の検索や、メールやチャットなどによるメンバー間のコミュニケーションを可能にした。消費者、生産者・ワイナリー、流通業者、酒屋、ワイン評論家などがメンバーとなり、自主的・自律的にコミュニティの創発・運営を行った。このプロジェクトでは、趣味や趣向におけるコミュニティがP2Pを利用してどのように形成されていくかを検証した（読売新聞、2004）。

　これらのプロジェクトにおいて、NTTは、P2Pプラットフォームソフトウエアの提供を中心に、共同実験で使用する

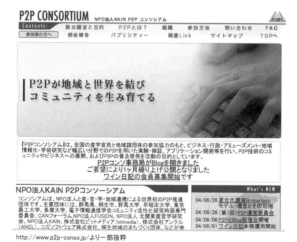

http://www.p2p-conso.jp/より一部抜粋

P2Pコンソシアム

SIONetソフトウエアの提供、共同実験システム構築・運用技術支援、コミュニティ創造の技術的支援、共同実験構築システムの技術的データの収集と分析および評価を行い、新しいコミュニティ形成技術、サービスの創造技術の研究を実施した。

一方、桐生地域情報ネットワークは、これまで培った「ひとづくり」「まちづくり」の知恵を活かし、システム構築に必要なコミュニティ形成ノウハウの提供とサービス創造、システム構築およびサービス運営、サービス・システムの運用面・ユーザ利用面の評価を担当することで、SIONetを用いたコミュニティ構築の有効性を明らかにした。

既存メディアと連携した地域情報化ツールの運用とコミュニティ形成についての調査研究
〜まちづくりの現場から見た地域メディアのビジョンを考える〜

【委員名簿】

座長	富山慶典	群馬大学副学長・群馬大学社会情報学部教授
座長代理	星合隆成	群馬大学共同研究イノベーションセンター・客員教授
委員	寺石雅英	群馬大学社会情報学部教授
委員	本島邦行	群馬大学工学部・助教授
委員	中里秀則	早稲田大学大学院国際情報通信研究科・教授
委員	藤井資子	慶應義塾大学 SFC
委員	野口健二	FM桐生開設準備室・(有)ライズ 代表取締役
委員	山田りか	桐生タイムス(タウンわたらせ編集)
委員	井上真悟	(株)フォレスト
委員	小保方貴之	(有)プレス代表取締役/電子情報通信学会コミュニティ活性化専門委員会委員 (事務局)
委員	川鍋正規	都市開発設計(株)代表取締役
委員	池田正昭	特定非営利活動法人アースデイマネー・アソシエーション代表
委員	柳田公市	特定非営利活動法人ナレッジネットワーク理事長
委員	久保田優二	特定非営利活動法人桐生地域情報ネットワーク
委員	塩崎泰雄	特定非営利活動法人桐生地域情報ネットワーク・理事長 (事務局)
委員	栖澤正則	きりゅう市民活動推進ネットワーク
委員	原 聡一郎	横浜市民メディア連絡会・事務局長
委員	藤田昌伸	桐生行政事務所
委員	藪原 博	群馬県中部県民局地域政策部政策室

群馬県「通信と放送の融合に関する委員会」

桐生地域情報ネットワークと筆者は、電子情報通信学会においてコミュニティ活性化研究委員会を設立、ブローカレス理論の普及を目指したP2Pコンソシアムの設立、総務省とのブローカレス理論の実証実験である「地域におけるICタグの高度利用及び自律分散協調型ネットワーク構築に関する調査検討会」の設立、群馬県とのブローカレス理論の実証実験である「地域における通信と放送の融合に関する委員会」の設立、内閣府「地方の元気再生事業」(桐生タイムス、2008)、総務省「地域ICT利活用広域連携事業（伝統文化の森）」(桐生タイムス、2010) など、活発な活動を展開してきた。

summary

・ブローカレス理論は、1998年に考案された世界初のP2Pネットワーク技術である。

・ブローカレス理論は、フレッツ光サービス、愛知万博など多くの分野で利用されている。

・SIONet（シオネット）は、ブローカレス理論をソフトウエアとして実装した「P2Pプラットフォーム」であり、NTTの商品名である。

・ピュアモデルとセミピュアモデルが新たに提案された。

・ピアグループを持続的に運営するためには、イトコ（インセンティブ、トラスト、コネクタ）の3要素が必要である。

インセンティブ：ピアグループに参加しよう、ピアグループを運営しようとするモチベーション。

トラスト：ピアグループやピアの信頼性。

コネクタ：すべてのピアがコネクタとなることでピアグループを運営する（トップダウン的なサーバは存在しない）。

・ピアグループ間での連携には芋づる式（同時参加モデル）が有効である。

・ピュアモデルではクライアントを自律分散の最小単位であるピアとして仮想化（カプセル化）する。

・セミピュアモデルではクライアントとサーバを自律分散の最小単位であるピアとして仮想化（カプセル化）する。

・セミピュアモデルは、NTTフレッツ光サービスやスカイプなどでも利用されている。

・ピアグループには、低コスト性、高信頼性（トラスト）、高持続性、高安定性、スケーラビリティ（規模拡張性）が要求される。

・コンピュータ資源をピアとして仮想化するための仕組みがカプセル化とインタフェース（IF）である。
・コンピュータ資源をカプセル化し、プロパティ（ピアの特性）などをIFとして公開するといった、ピア設計が必要になる。

COFFEE BREAK 6
クライアントサーバモデルの詳細

筆者が1998年にブローカレス理論を提唱する以前のネットワークは、クライアントサーバモデルと呼ばれるネットワークモデルが一般的であった。

クライアントサーバモデルでは、ネットワークサービスの要求者である「クライアント」と、ネットワークサービスの提供者（奉仕者）である「サーバ」から構成される。クライアントが要求を出し、サーバがそれに応えるという図式である。たとえば、検索サイト、ポータルサイト、ネットバンキング、ネットショッピングなど、ほとんどがこのモデルによって実現されている。

クライアントサーバモデルの概念は、次の通りである。

①要求者であるクライアントと、提供者（奉仕者）であるサーバ

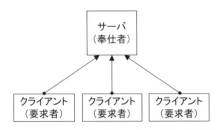

- クライアントはサーバからサービスの提供を受ける
- クライアントは、サーバを介して、他のクライアントとコミュニケーションする
- サーバは、クライアントを繋ぐために、永続的にコネクタの役割を果たす（これに対し、ブローカレスモデルでは、全員がコネクタの役割を果たす）
- 両者の役割は明確に分離されている

クライアントサーバモデル

の役割は明確に分かれている。クライアントが提供者の役割を果たすことも、サーバが要求者の役割を果たすこともない。たとえば、クライアントはサーバからのみ情報を入手することができる。

②クライアントは、サーバを介してのみ他のクライアントとコミュニケーションすること、繋がることができる。

つまり、仲介者（ブローカ）としての役割を担うサーバが存在して、はじめて成立するネットワークモデルである。そのために、サーバは、クライアントを繋げるためのコネクタの役割を、永続的、持続的に果たさなければならない。

このように、クライアントサーバモデルは、トップダウン型、中央集権型のネットワークモデルと言える。なお、クライアントサーバモデルと同様の概念のネットワークモデルとして、マスタスレブモデルがある。これも、指示者であるマスタの指示で、従事者たる

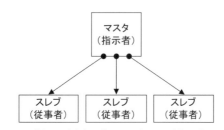

・スレブはマスタからの指示でアクションを起こす
・スレブは、マスタを介して、他のスレブとコミュニケーションする

マスタスレブモデル

COFFEE BREAK
6

スレブが働くというトップダウン型、中央集権型のモデルである。

クライアントサーバモデルでは、サーバがダウンすると、ネットワークサービスを継続的に運営することや、クライアント間のコミュニケーションが困難になる。また、クライアントの数が増えると、もしくは、クライアントからの要求数が増えると、サーバはオーバーフロー（処理能力の限界を超えること）を起こす、サーバからクライアントへの応答が極端に遅くなるといった現象を引き起こしてしまう。そのため、クライアントサーバモデルでは、クライアント数の増加に伴い、サーバを増設するなどの設備投資が必要になり、これが運用上の投資リスクとなる。また、サーバを持続的に運用するための運営コストも必要になる。

そのため、当時のネットワーク社会において、つまりクライアントサーバモデルという概念が支配的な状況においては、世界中の研究者や大企業が、多大な研究開発費を投資することで、高性能（高処理能力、高機能）で耐故障性の高い（壊れない、壊れても運転を停止しない）サーバの研究開発に邁進し、世界一を競ったのである。このような研究開発の中から、複数台のサーバを用意し、それらを連動させることで高処理能力を発揮する分散サーバ技術、前述した高性能化技術、耐故障化技術などの多くの技術が発明され、これらの技術を用いたサーバ製品が生みだされてきた。これらの技術の究極として位置づけられるものがスーパーコンピュータである。

このようにクライアントサーバという概念が、ICT業界における羅針盤として、当時のネットワークモデルに対する方向性を示す影響力は計り知れなく大きかった。一方で、大部分の人が、当時の支配的な概念の呪縛から逃れることは困難であり、そのため既存の概

念の枠を超えた、新たな技術、モノ、機能を生み出すことが困難であった。その反面、新たな概念の提唱者・先駆者が得る利益は、技術・モノ・機能のそれよりも格段に大きいが、成功したときの概念に縛られすぎると、新たな概念が生まれたときに柔軟に対応できなくなるという危険性も孕んでいるのである。

このように概念が重要であるとの考え方から、地域コミュニティブランドでは、モノよりも活動や概念をブランディングし、拡散することを推奨しているのである。

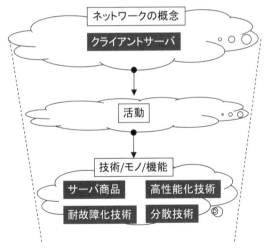

クライアントサーバの概念から生まれたさまざまなモノや技術

COFFEE BREAK 7

ブローカレス理論とSIONetのコンセプト

ブローカレス理論は、誰にも必要以上に管理されない、自由・平等・対等で自律的なネットワーク社会を実現するためのネットワーク理論である。

ブローカレス理論の本質は、ブローカ(仲介者、運営者、管理者、実装的には中央集権的な管理部、サーバなど)を介することなく、エンドユーザ同士やユーザグループ間でダイレクトかつシームレスにコミュニケーション(情報をやり取り)することにある。

このブローカレスの概念は、情報の伝達、配信、探索、グルーピング、共有、ポリシーネゴシエーション(政策交渉)などのさまざまなコミュニケーションシーンにおいて活用されている。またブローカレスの理念や実現技術は、ユビキタス世界を実現するためのキーテクノロジーとしても位置づけられている。

誰にも必要以上に管理されない、自由で、平等・対等で、自律的なネットワーク社会を構築したい。これが1998年にブローカレス理論を提唱したそもそもの動機である。ブローカレス理論は、理念・概念であり、これが目指す世界は単純明快である。具体的には、次のような世界を構築することを狙いとしている。

①ブローカレスモデル

従来、ブローカが担っていた役割を、それぞれのユーザがボランティアとして分担することにより、特定のブローカの存在を前提としなくても、さまざまなネットワークサービスを、フレキシブル、スケーラブル、かつダイナミックに、低コストでボトムアップ・非中央集権的に構築・運営する。これは、ブローカを介さずに、直

接、ユーザ同士、もしくは、グループ同士でコミュニケーション(情報の伝達、配信、探索、グルーピング、共有)や自律分散協調が可能な新たなコミュニケーションモデルである。

②自己組織化

ボランティアとして運営に参加している任意のユーザ端末が、障害や退去などのさまざまな理由により、ネットワークサービスなどの「場」の運営から脱退しても、サービス全体に影響を与えないように、残されたユーザ端末が自律的に自己組織化することによりサービスを継続する。

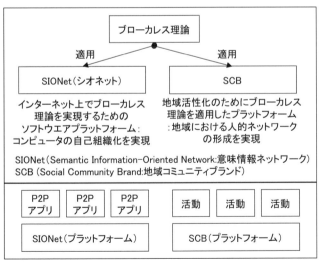

ブローカレス理論とSIONet・SCBの関係

COFFEE BREAK

③自律性（個の尊重）

ユーザグループへの参加・退去は、各ユーザの自律性にゆだねられる。つまり、ユーザの自律性、自由度、プライバシを最大限尊重し、ユーザグループへの参加、退去を強制しない。これは、まるで個々人が自分の意思でボランティア活動に参加するように、個々のユーザ端末が自律的にブローカの役割を分担する。

そして、このブローカレス理論の実現技術として考案されたものが、意味情報ネットワークSIONet（シオネット）である。つま

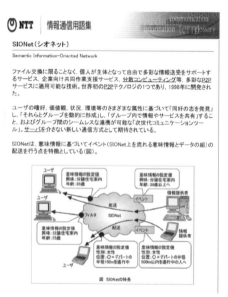

NTT情報通信用語集より
http://www.ntt-review.jp/yougo/word.php?word_id=1928

NTT情報通信用語【SIONet】

り、インターネット上でブローカレス理論を展開するためにNTTによって開発されたソフトウエアの名称がSIONetである。一方、地域活性化のために、地域において展開されるブローカレス理論の名称が地域コミュニティブランドに相当する。

NTTが開発した意味情報ネットワークSIONetは、世界初のP2Pテクノロジーであり、さまざまなP2Pサービスに適用可能なP2Pプラットフォームである。ブローカレス理論に基づいて、1998年に開発が開始されたSIONetは、ユーザの嗜好、価値観、共感、状況、環境などのさまざまな属性に基づいて「同好の士を発

NTT研究開発この一年2001年報より一部抜粋
http://www.ntt.co.jp/RD/OFIS/active/2001pdf/nw26.pdf

意味情報ネットワークSIONetのイメージ

COFFEE BREAK

　見」し、「それらとグループを動的に形成」し、「グループ内で情報やサービスを共有」すること、およびグループ間のシームレスな連携が可能である。

　SIONetでは、端末のことをピア（エンティティ）と呼ぶ。ピアは、IPアドレスのような固定的な識別子を持っていない。これに代わって、たとえば、「野球に興味がある」「医療情報を提供できる」といった意味情報を用いて、各エンティティには動的でフレキシブルな識別子が付与される。そして、野球に興味があるという識別子（意味情報）を持つエンティティに対して、イベントを送信するのである。すなわち、従来の「誰に対してイベントを送る」という通信方法に対し、SIONetは「どういう人にイベントを送る」という新たな通信パラダイムを提供する。つまり、SIONetでは、意味情報に基づいてイベントの送信先を決定し、意味情報に合致するエンティティだけにイベントを送信する。

JXTA（米Sun Microsystems社）
Javaをベースとした
P2P用プロトコル群

SIONet（NTT）
情報の持つ意味で効率的な
ルーティングを図る

SOBA（SOBAプロジェクト）
マルチキャストで経路探索を効率化

図4　P2Pシステム開発を下支えするプラットフォーム
P2Pアプリケーションの開発のためのプラットフォームも公開されている。「JXTA」は米Sun Microsystems社が開発したP2Pアプリケーションのためのプロトコル群。「SIONet」は、ブローカレス・モデルをコンセプトにNTTが開発した。京都大学を中心とするSOBAプロジェクトが開発しているのが「SOBA（Session Oriented Broadband Applications）」。これらを利用したP2Pアプリケーションの開発が本格化しつつある。
SIONetのHP　http://www.brokerlessmodel.com/main.html

日経バイト2004.8月号より

SIONetでは、このような新たな通信パラダイムを実現するために、「緩やかさ」と「局所性」の追求をキーコンセプトに、連鎖反応機構（メタデータに基づくイベントの転送機構）、自己組織化機構（ブローカレスで、イベントプレースと呼ばれるエンティティグループを自己形成、自己増殖、自然淘汰するためのコミュニティ形成機構）、アプリケーションのプラグイン・共有機構（イベントプレースへのアプリケーションの組み込みとその共有機構であり、SIONetはプラットフォームに、アプリケーションはSIONet上で動作するソフトウエアに相当）、ブローカレスでの認証を行うセミピュア機構、IDレス（識別子を用いない）を実現するプロパティ機構・エントランス機構、グループ間のシームレスな連携機構などの特徴的な機構を提案している。

　これにより、SIONetは、高いプライバシ、自由度、柔軟性、スケーラビリティ、耐故障性の保証や、低コスト化を達成している。

　しかしながら、このようなP2Pネットワークは、高い自由度、柔軟性、スケーラビリティ、耐故障性、そして低コスト化が導き出す「強力な情報拡散力」の代償として、著作権侵害などの社会問題を引き起こしてしまった。

　たとえば、2000年以降に登場したファイル共有サービスの情報拡散力のすごさはすでに誰もが知っているところであり、世界中がその威力を目の当たりにしたのである。

　このファイル共有サービスとは、インターネット上で不特定多数のユーザがファイルをやり取りするためのサービスである。たとえば、このサービスをクライアントサーバモデルで実現した場合、すべてのファイルはサーバに蓄積され、必要に応じてクライアントは

COFFEE BREAK
7

サーバからファイルを引き出すことになる。

　しかしながら、P2Pではこの拡散力のすごさが、逆に社会問題を引き起こしてしまった。音楽ファイルなどの著作権を侵害したファイルを拡散しても、誰がそれを拡散したのか突き止められにくい、拡散を止められない、いったん拡散したファイルを削除できない、といった問題を引き起こしてしまった。ネットワーク上に一種の無法地帯を作りあげてしまったのである。

　ブローカレス理論では、健全なネットワークコミュニティを構築するためには、そこに「トラスト」がなければならないことを提案している。トラストとは、コミュニティに対する信頼、信用のことで、トラストのないコミュニティ、トラストを醸成する仕組みのないコミュニティは、最終的に崩壊するか、無秩序のコミュニティになってしまうと考えられている。そして、ピアの数が増加するにつれて、その傾向は顕著化する。小規模で活動していたボランティアコミュニティが、規模が大きくなったときに崩壊するのはこの「トラスト」の不在によるところが大きい。

　ブローカレス理論では、当初からピュア型、ハイブリッド型、セミピュア型の3つのタイプのモデルをサポートしていたが、トラストを醸成する仕組みとして、特にセミピュア型の使用を提案してきた。すべてのピアが対等な関係を有するピュア型では、トラストの確保が難しい。前述のファイル共有サービスは、ピュアモデルのP2Pネットワークに相当するが、ピュアモデルでは不正なファイルを抑止することが難しい。

　一方、セミピュアモデルでは、サーバが一つのピアとしてピアグループに参加する。つまり、ピアグループ内の他のピアに対して、

サーバがピアとして振る舞うようにラッピング（仮想化）するのである。一方、サーバは配下のクライアントに対しては、これまでと同様、サーバとして振る舞う。つまり、サーバは、ピアとサーバの二つの顔を持つのである。

セミピュアモデルの典型的な利用例は、ピアの認証である。たとえば、クライアントサーバモデルにおいて、サーバがクライアントの認証を行う。認証されたクライアントは、ピアとしてピアグループに参加し、ピアグループのメンバーとしてグループの運営を担う。もちろん、前述したように、サーバもピアとして、ピアグループに参加している。このようなモデルを用いることにより、トラストを保証したピアグループの運営が可能になる。セミピュアモデルの利用例としては、フレッツ光サービス（仮想スーパーコンピュータ）や、インターネット電話サービスとして有名なSkype（スカイプ）などがある。トラストがあってはじめて、ビジネスシーンでのP2Pの利用が可能になるのである。地域コミュニティブランドにおける「地域コミュニティに専門家や企業」も参加できる仕組みを作ることは、ここからきているのである。

これまで、無中断で、スケーラビリティが高く、低コストのネットワークを構築するためには、すべてのコンピュータ資源が「コネクタ」になる必要があることを述べてきた。さらに、秩序のある信用度の高いP2Pネットワークを構築するためには、「トラスト」が必要であることを述べた。そして、ブローカレス理論を構成する三大要素の最後の一つが「インセンティブ」である。

インセンティブとは、目標を達成するための刺激、動機づけのことである。つまり、ピアにとって、何らかのメリットがなければピ

COFFEE BREAK
7

アグループに参加しようとする動機が生じないのである。たとえば、ファイルを入手したい、電話をしたい、仮想コンピュータの資源を利用したい、ビジネスで利益を得たい、社会貢献したいなどの動機があってはじめて、ピアはピアグループに参加するのである。

ブローカレス理論では、ブローカレスモデルに基づくネットワークを構築するために必要となる要素として、インセンティブ、トラスト、コネクタを三大要素として定義している。それぞれの頭文字をとって、これらを「イトコ」と呼んでいる。ブローカレス理論では、この「イトコ」を非中央集権型（ボトムアップ型・自己組織化・自律分散協調型）のネットワークを構築するための三大要素として提案している。すなわち、このイトコがそろってはじめて、持続可能なネットワークをブローカレスで構築することができるのである。まるで、色の３原色であるＲＧＢ（赤、緑、青）が揃って、すべての色を表現できるかのように。

地域コミュニティブランドのアイデアの一つは、このようなブローカレス理論を用いることで、「イトコ」を具備した低コストで持続可能な地域コミュニティ、地域活性化プラットフォームを構築することにある。

COFFEE BREAK

冷蔵庫×P2P（SIONet）

2005年1月28日、筆者は（社）電子情報技術産業協会主催の招待講演において、「情報家電の将来とP2P技術を照らし合わせたネットワークサービスの実現性」と題した講演を行った。

NTTがブローカレス理論に基づいて開発したP2Pプラットフォームである SIONet（シオネット）を用いて、冷蔵庫をピアとして仮想化し、冷蔵庫同士（ピア同士）をブローカレスで繋げることに

冷蔵庫をピアとしたピアグループを形成

❑ PTA、サークル、自治会などの連絡網としてピアグループを活用
❑ 冷蔵庫をピアとするメリット
・常時電源がONになっている
・液晶パネルを設置する表面積が多い

*SIONetはブローカレス理論をソフトウエアとして実装したNTTのP2Pプラットフォーム

冷蔵庫とSIONet

よるピアグループの形成を提案したのであった。

これにより、ピアグループ内で、たとえば、PTA保護者の連絡網、学校や市役所からのお知らせ、サークルや自治会などでの情報交換・情報共有に活用しようとの提案であった。現在のLINEグループのようなものである。当時、特に強調したことは冷蔵庫をピアとすることのメリットである。

①冷蔵庫は必ず一家に1台は必要である。
②常に電源がONになっている。スマートフォンなどが存在していない当時、常に電源がONになっている情報機器や家電はあまり存在していなかった。パソコンやTVなども使用していないときは電源をOFFにしていた。
③液晶パネルなどを設置するに十分な表面積がある。

お母さんが料理をしながら冷蔵庫を振り返ると、そこにはPTAからの連絡が、そんな世界を創れないかと思ったのである。

冷蔵庫にメッセージ表示

COFFEE BREAK 9

ブロックチェーンで地域活性化PFを構築

　地域活性化にP2P技術を役立てたい。これが地域コミュニティブランドを発想した原点であった。1998年にP2Pが誕生してからちょうど20年、近頃話題のブロックチェーンの登場により、ブロックチェーンを用いた地域活性化プラットフォームの実装、実現に現実味が帯びてきた。

　たとえば、図「IoT×ブロックチェーン×AI」において、IoT（IoTデバイスやIoTサービス）から収集したビッグデータを、機械学習によりデータマイニングすることにより、様々な地域活性化のサービスを展開することが可能になる。ここで、IoTデバイスを相互接続・相互運用し、収集したビッグデータを管理する役割を担うP2P技術がブロックチェーンである。

　現在、我々はブロックチェーン（P2P）と自動販売機を組み合わせた地域活性化プラットフォーム構築のプロジェクトを進めてい

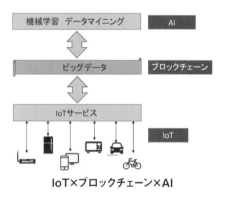

IoT×ブロックチェーン×AI

る。これは、自動販売機をピアとして仮想化し、ブロックチェーンがピアである自動販売機を繋げることでピアグループを形成する。このピアグループが地域活性化プラットフォームの役割を担う参照モデルとなる。

　自動販売機を採用した主な理由は、常に電源がONになっていること、地域に多くの自動販売機が既に配置されていることが挙げられる。自動販売機と様々なIoTデバイスを接続することで、駐車場管理、子供やお年寄りの見守り、防犯対策など、さまざまなIoTサービスに対応可能な地域活性化プラットフォームを実現可能になる。

IoT×自動販売機×ブロックチェーン×AI

COFFEE BREAK ⑩

ブロックチェーンと囲碁

　トップ棋士の李世ドル（イ・セドル）九段が、P2P技術の一つとして注目されているブロックチェーン技術を活用した囲碁事業「碁ブロック」を推進している。

　ブロックチェーンは誰もが閲覧可能な帳簿台帳に取引内容を「透明」にした形で記録し、数台のコンピュータにこれを複製する分散型データベースである。

　碁ブロックの主な目的は、ブロックチェーンを利用して日中韓を中心としたオンライン型の国際プロリーグを運営することにある。

　碁ブロックは、P2Pの最大の特徴である「非中央集権的」な運営を行うことで、リーグ戦運営の透明性と公正性を向上させること、運営費の低コスト化を目指している。

　オンライン国際リーグ戦、囲碁チーム、棋士、ファン、イベント、棋譜、グッズなどをトークン化して発行し、ブロックチェーン

従来の銀行システム
（中央集権型）

取引内容を中央サーバの帳簿台帳で一元管理

ブロックチェーン
（P2P型：非中央集権型）

取引内容を端末の帳簿台帳で複製管理

中央集権型 vs. P2P型

でトークンを管理することにより、透明でオープンな「囲碁によるトークン経済」を形成するという計画だ。ブロックチェーンの提供会社は「ブロックチェーン技術を様々な分野に適用できるようアップグレードした最新ブロックチェーン技術とオンラインサービスプラットホームを組み合わせることで囲碁システムを構築する」と述べた。

　P2P技術であるブロックチェーンを活用することの最大のメリットは、透明性と低コスト化であり、また、囲碁に関わる様々な「活動」や「繋がり」をトークン化しブロックチェーンで管理することにより、活動の透明化と公平性を担保すると同時に、活動や繋がりの定量化と可視化、活動に参加することのインセンティブを付与するなど、囲碁普及や囲碁経済の加速化を達成することが可能になるのである。

COFFEE BREAK ⑪
理論は羅針盤

　1から10まで足すといくつになるか？　答えは55である。これをアルゴリズムとして表現してみよう。アルゴリズム1では、1と2を足し、その結果に3を足すというように、10を足すまで順次繰り返す。そのため、nまでの足し算の場合、足し算の繰り返し回数が（n−1）回となる。1000までの加算の場合、繰り返し回数はなんと999回にもなってしまう。「なんだか、課題解決型で一つ一つ丁寧に地域の課題を解決している方法と似ていませんか？」

　一方で、数列という理論を知っていれば、合計値がn（n+1）/2となることを知っている。これを計算すれば、瞬時に答えを求められる。nが10だろうが1000だろうがその値に関係なく、nに1を加える、その結果にnを掛ける。そして2で割る。3ステップで計算できるのだ。

　アルゴリズム1は、正しい答え（55）に辿り着くためのアルゴ

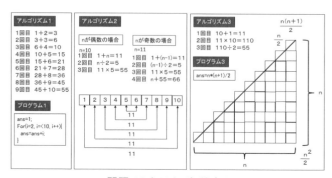

問題：1から10まで加算する

リズムとしては正しいが、採用すべき手法としては必ずしも正解ではない。効率的に計算できるアルゴリズム3を採用すべきである。

これまでの地域での活動を振り返ってみると、地域課題の解決のためにアルゴリズム1と同様のアプローチが多く採用されている。確かにアルゴリズムとしては間違っていないのだが、手法としては正解ではないというケースが多々見受けられるのである。「人も予算も限られている地域において、アルゴリズム1を選択する余裕はありますか？」と問いたい。

このようなとき、理論はまるで羅針盤のように進むべき道、採用すべきアプローチを示してくれるのである。もうそろそろ地域に理論を導入することを試みてもよいのではないか。

また、P2Pを地域活性化や、地域活性化の共通基盤構築のために活用したいとの発想から地域コミュニティブランドを考案したことをすでに述べた。今話題のP2P技術であるブロックチェーンの登場により、地域活性化プラットフォームのフィージビリティとして、「IoT×ブロックチェーン（P2P）」「IoT×ブロックチェーン×AI」「IoT×ブロックチェーン×AI×自動販売機」といった形態で、ブロックチェーンをベースとした地域活性化のための共通基盤の構築が可能になってきている。いまこそ産官学連携で、地域にこれらの基盤導入を図るべきではないかと考えている。

COFFEE BREAK 12

フォグコンピューティング

　1980年代、コンピュータ資源を管理する手法として、コンピュータ資源を集中管理するクライアントサーバモデルが主流であった。1998年になると、コンピュータ資源をブローカレスに管理する新たな手法としてブローカレス理論（P2P）が登場した。

　そして、2008年には、コンピュータ資源を集中的に管理する手法としてクラウドコンピューティングが登場した。

　しかしながら、500億以上のIoTデバイスを管理する必要のあるIoT社会においては、クライアントサーバ型のクラウドコンピューティングでは、リアルタイム性などのQoS（サービス品質）やスケーラビリティを保証できない。

　そこで、2016年、IoT資源をブローカレスに管理する手法としてフォグコンピューティングが新たに登場してきた。フォグコンピューティングは、IBMなどが普及を目指しているブロックチェーンなどのP2P技術を活用することで、IoTデバイスのリアルタイムな管理や制御、相互接続・相互運用を可能にすることを目指している。

　なお、総務省のスマートシティーの相互接続実験の一つとして、フォグコンピューティングを用いた「日本とEU間でのIoTデバイスの相互利用、相互接続実験」を推進することを目的としたFed4IoT諮問委員会が2018年に組織化され、総務省事業として相互実験がスタートし、筆者も委員として本プロジェクトに参画している。

第Ⅲ部
SCBプロジェクト

SCB理論を用いた地域活性化に関する全国の主な取り組みやプロジェクトを紹介する。

1 SCBによる熊本市地域経済活性化委員会（熊本県）

「SCBによる熊本市地域経済活性化検討委員会（平成29年10月1日～平成30年9月30日)」では、地域コミュニティブランド（SCB理論）を用いた熊本市の地域経済活性化施策の一つとして、熊本市が所有する熊本城ホールの活性化、ならびに、熊本城ホールを拠点とした熊本市地域経済の活性化施策について検討を行っている。

ここでは、平成30年3月30日に提出した中間報告に基づ

平成３０年３月３０日

熊本市長 大西 一史 様

SCBによる熊本市地域経済活性化検討委員会
委員長 星 合 隆 成

SCBによる熊本市地域経済活性化検討委員会の検討結果について
（中間報告）

SCBによる熊本市地域経済活性化検討委員会において、熊本城ホールの活性化、ならびに、熊本城ホールを拠点とした熊本市地域経済の活性化施策に関し、当該委員会において検討した結果を、中間報告いたします。

中間答伸の提出

いてその活動内容を紹介する。

(1) 検討委員会の進め方の提案

　熊本城ホールの活性化に関して、以下の3通りの検討の進め方を提案した。

①ミドルウエア型

　ハードウエア層（熊本城ホール）の上位レイヤーにミドルウエア層を構築することにより、熊本城ホールの高機能化・差別化、市民に対する存在価値の向上を図る。

②プラットフォーム型

　熊本城ホールを熊本の地域資源の一つとして捉えることにより、熊本城ホールを自律分散協調の単位であるピアとして仮想化し、他のピアとブローカレスで繋げることにより、地域活性化のためのプラットフォームを構築することで、熊本の地域活性化に寄与する。

③課題解決型

　熊本城ホールを取り巻く地域課題を一つ一つ手作業で解決す

熊本城ホールのIoT化に関する事業計画

る。課題の抽出、課題の整理・体系化、解決策に対するアイデアを創出する。

なお、地域コミュニティブランド（SCB）理論に対する理解を深めるため、委員会においてSCB勉強会を実施した。

(2) 具体的なアイデアの提言

図「熊本城ホールのIoT化に関する事業計画」に基づいた以下の提案を行った。

①ミドルウエア型について

熊本城ホールの高機能化、市民に対する存在価値の向上を図る施策として、熊本城ホールのIoT化をミドルウエア層として実現する手法を提案した。

②プラットフォーム型について

熊本城ホールを自律分散協調の単位であるピアとして仮想化

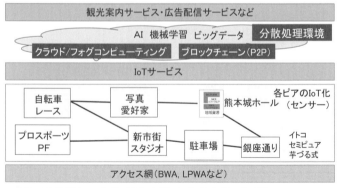

PF型の具体例（IoT産業・観光産業・広告産業等の振興）

し、他のピアとブローカレスで繋げることにより、観光産業、広告産業、農林水産業、医療福祉産業等の基幹産業の産業振興に繋がる地域活性化プラットフォームの構築を提案した（図「PF型の具体例」および図「産官学連携によるIoT産業を核とした熊本の地方創生」）。

また、自動販売機をピアとして仮想化し、ブロックチェーンによる自動販売機のピアグループを形成することで、地域活性化のためのプラットフォームを構築する方法を提案した（図「自動販売機によるピアグループ形成」）。

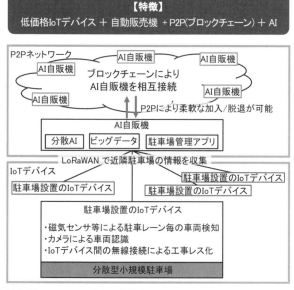

自動販売機によるピアグループ形成

③課題解決型について

　ワークショップやSNS、メールなどで意見交換を行い、課題の洗出し、課題解決策の提案を行った。

(3) 今後の進め方

　平成30年9月末の最終報告に向けて、上記の検討内容をより詳細化するとともに、提案の実施に向けた具体策・フィージビリティに関しても検討を進める。

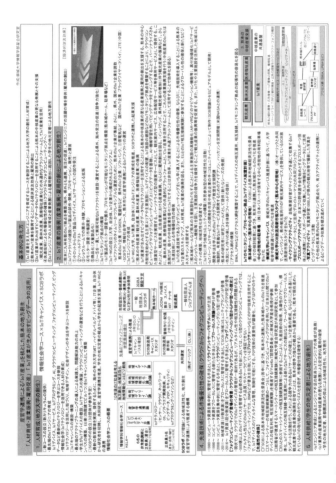

産官学連携によるIoT産業を核とした熊本の地方創生事業に採択

2 宮崎県立小林秀峰高校（宮崎県）

　ICT活用能力の向上、地域産業や地域社会への貢献を目的に、地元と連携した様々な地域活性化活動を展開している。特に、SCB理論を採用した2013年から2015年の3年間で、地域活性化策コンテスト田舎力甲子園において優勝2回、準優勝1回、第20回（2014年度）および第21回（2015年度）宮崎県高等学校生徒商業研究発表大会で最優秀賞を受賞するなど顕著な成果を残している（成美大学、2015）。これらの活動やSCB理論が、商業高校のサブテキストにおいて紹介された（実教出版、2014）。

第20回宮崎県高等学校生徒商業研究発表大会で最優秀賞を受賞

じっきょう 商業教育資料 No.96 通巻384号

6．地域コミュニティブランドとの出会い

　地域コミュニティブランドとは，星合隆成博士（熊本県崇城大学情報学部教授）が提唱する地域活性化・産業振興・コミュニティビジネスの具体的な手法である。モノづくりを通してコミュニティをつくる活動の過程を，物語性をもって発信することで，共感や絆，繋がりを醸成し，"活動"をブランド化していく。コミュニティとモノづくりが，関連しながら成長していくことを目的としている。

　私たちの活動は，この地域コミュニティブランドの考え方に基づいて進めている。闇雲に活動するのではなく，理論に沿うことで，思わぬ広がりや大きな展開へ進展することになった。特に意識した点は，「活動にストーリー性」を持たせることである。結果のみを掲載するのではなく，そこに行き着くまでの過程を掲載することで，ストーリーが生まれ，多くの人に共感されるようになった。

じっきょう商業教育資料より一部抜粋，NO96, 2014.2.10

3 nunotech（布テク）（群馬県）

　共創をテーマに桐生織物の商品開発と販売を行っている。技術力・デザイン力・企画調整力、桐生市や他地域の潜在パワーを相互に繋げることで新たな商品開発を促進すると共に、販売ネットワークを構築し、地域コミュニティブランド「nunotech」のブランド力の浸透・普及を図っている（商工まえばし、2012）。

　この「nunotech」から生まれたiPadケースが、平成24年度グッドデザインぐんま商品大賞を受賞し東急ハンズ渋谷店において販売された（群馬県、2013）。

　また、群馬県の「繊維産業を核とした地域コミュニティブラ

【12月5日】平成24年度グッドデザインぐんま商品を選定

■nunotech FB CASE（iPadケース）が平成24年度グッドデザインぐんま商品部門大賞受賞

【モノ：ファクトリー×nunotechのプロジェクトから生まれた「FB CASE」が商品部門大賞。さらに学生プロジェクトの「カッパーカー」「くるびしゃ」ほかも入賞。】

群馬県は、12月5日、平成24年度グッドデザインぐんまの選定商品を発表しました。その中で、商品部門で大賞を含む4つのnunotechアイテムが入賞しました。

グッドデザインぐんま（HPより）
県は、優れたデザインの商品を「グッドデザインぐんま商品」として選定し、その商品を推奨することで、県内企業のデザイン開発を振興しています。

グッドデザインぐんま商品大賞を受賞

ンドを生み育てる地域づくり協働モデル事業（平成23・24年度）」として、学生と企業の協働によって開発されたnunotech商品が、平成24年度グッドデザインぐんま商品入賞を果たした（群馬県、2011）（読売新聞、2012）。この

「想い繋がる、nunotech」

地域コミュニティブランド
「nunotech」活動紹介ビデオ

「あなたの「欲しい！」という想いをnunotechの活動が実現します。」そんなメッセージを込めた紹介ビデオです。ただ、このビデオで紹介していることは、nunotechの活動の全てではありません。モノづくりの1つのプロセスを紹介したに過ぎません。nunotechの活動は、地域やネットコミュニティの中で様々に展開し、モノづくりを行う時に関わった皆さんの想いが繋がります。地域にいる私たちは、地場産業の高い技術、企業の魅力を伝えて、その技術でモノづくりをサポートしていくことがミッションです。そしてnunotechコミュニティは、その技術を広く発信して、地域の外にある「こんなのがあったらいいな」という"あなた"の想いに呼びかけていくことを目指しています。草野監督は、nunotech「カッパーカー」を題材に、一人の想いが繋がり、モノづくりが実現する様子を、監督ならではの世界観で表現しています。

草野翔吾

監督作品

女の子、そのまま外へ。
雨が降ってくる。
フードをかぶる女の子。

雨をはじくパーカー。

草野翔吾によるプロモーションビデオ

ようなnunotechの活動に共感した映画監督の草野翔吾氏がボランティアでのPV制作を行うなど新たな化学反応も発生した（桐生タイムス、2013）（草野、2013）。

　草野翔吾監督は、ロードショー公開映画「からっぽ」、「ボクが修学旅行に行けなかった理由」などで知られる映画監督であり、群馬県出身である。筆者とのFMラジオでの対談をきっかけに、地元群馬での新たな概念に基づく活動である「nunotech」に共感し、ボランティアでのプロモーションビデオの制作を行ってくれた。

4 eDo（東京都）

伝統工芸産業における新商品の開発、デザイナーとの協働、組織化を目指すだけでなく、活動そのものを広く発信することで、新たな伝統工芸士や商品の流通に関わる人の参加を促すこと、さらには、販売イベント、体験イベント、観光事業への展開を図ることで、伝統工芸の魅力そのものを発信していくこと

事業概要

①活動ブランドの立ち上げ

伝統工芸産業については、全国的にも様々な取組が実施されている。新商品の開発、デザイナーとの協働、さらには、支援組織の設立を目的とした取組などがその例である。それらの先行事例を検証しつつ、メンバーで協議を重ねた結果、私たちは、コンソーシアムの形成と商品開発だけでなく、取組そのものを広く発信することで、新たな伝統工芸士や商品の流通に関わる方々の取組への参加を促すこと、さらには、販売イベント、体験イベント、観光事業への展開を計ることで、伝統工芸の魅力そのものを発信していきたい、という想いを共有するに至った。そこで、熊本県崇城大学星合隆成教授が提唱する「地域コミュニティブランド」の手法を取り入れて活動していくこととした。

（地域コミュニティブランド：https://www.facebook.com/SocialCommunityBrand）

「地域コミュニティブランド」におけるブランディングの対象は、「想いを持って集まった集団やその活動そのもの」であり、私たちの取組で言えば、「伝統工芸産業を活性化したい」という想いを持って生まれたコミュニティを指す。

http://culgene.jp/work/多地域連携によるコラボレーション商品開発/より一部抜粋

「eDo」活動ブランドの立ち上げ

を活動の目的とした。

　地域コミュニティブランドにおけるブランディングの対象は、「想いを持って集まった集団やその活動そのもの」、「伝統工芸産業を活性化したい」という想いを持って生まれたコミュニティであり、工芸の多くが江戸時代に現在の姿になったこと、そして、海外に発信することを考慮して工芸の中にある江戸時代に完成したと言われる日本の美意識そのものを発信したいという理由から、この活動や繋がりに「eDo」(エドをエドゥー

13:00〜13:15	JAPAN BRAND FESTIVALの役割
13:15〜13:35	補助事業の使い方：経済産業省
13:35〜13:55	補助事業セッション：NIPPON QUEST
13:55〜14:15	補助事業セッション：The Wonder 500
14:15〜14:25	休憩・名刺交換
14:25〜15:25	国産木材家具にみるジャパンブランドの現在と未来
15:25〜15:50	お茶のある空間
15:50〜16:00	休憩・名刺交換
16:00〜16:30	ライトニングトーク
16:30〜17:00	地域コミュニティの課題解決〜東京と地方の共創事例から
17:00〜18:00	後継者が見るそれぞれのあした
18:00〜19:30	体験交流会

地域コミュニティの課題解決〜東京と地方の共創事例から

小保方 貴之
桐生布テク協会 理事長
・有限会社ブレス 代表
・株式会社 FM桐生
・NPO法人にぎわいのまち
吉岡監事

星合 隆成
工学博士
崇城大学情報学部教授
早稲田大学大学院招聘研究員
Concept Lab Inc.会長
元NTT研究所主幹研究員
(NTT参与)

三田 大介
すみだクリエイターズクラブ
・有限会社モアナ企画 取締役

「JAPAN BRAND FESTIVAL 2016」プログラム

と発音）という名称を付けた。

　このeDoは、経済産業省の世界に通用するブランドの確立を目指す平成27年度「JAPANブランド育成支援事業」に採択された（経産省、2015a）。

　また、2016年1月に渋谷ヒカリエにて催された「JAPAN BRAND FESTIVAL 2016」では、地域コミュニティブランドを冠したトークセッションが開催され、2019年3月開催の同フェスティバルでも引き続きトークテーマとなっている。

5 雑誌「LIRY」(福岡県)

　2013年12月に創刊された福岡発のファッション雑誌「LIRY」(季刊誌：年4回発行)、2015年12月に第9号が発売された。主に、九州の書店において販売されているが、最近ではCHINA市場への進出も果たした。LIRYは、ユリ(Lily)のような女性の物語(Story)を応援するという活動からのネーミングである。
　LIRYの特徴はSCB理論を用いた制作コミュニティにある。

ファッション雑誌「LIRY」創刊号

LIRYでは広告料をもらう記事を掲載しない。企業のマーケティング媒体としてではなく、LIRYというフィルタを通しての第三者視点からの情報発信によるブランディングを行っている。また、大手出版社のようなトップダウン的な組織による出版を行うのではなく、「これまでに福岡にないファッションマガジンをつくる」という活動・理念に共感を持ったクリエイターや企業がブローカレス型のコミュニティを構築することによる雑誌制作を進めている。すなわち、参加メンバーの時間やスキルといった地域資源の繋がりによる価値の創造を行っているのである。

6 お笑い番長（福岡県）

　福岡県で2005年にスタートしたお笑い番長は、アマチュアや若手お笑い芸人によるライブ活動を行ってきた。しかしながら、運営費用や労力が負担となり、十分な運営メンバーや出演芸人を確保できないなどライブのクオリティーに課題を抱え

Q10. どのようなコンセプトで活動していますか？

1998年に提唱されたブローカレス理論に基づいて、地域コミュニティを形成しインディーズお笑いの場の創出を目指し活動しています。

owarai-entertainment.com/owaraibanchou/ より一部抜粋

福岡　毎日新聞　2014年（平成26年）1月24日（金）

というビジネスモデルを導入することでシノケンさんの手を離れても「お笑い番長」が永久的に活動が続くようにした。

　◇

　漫才コンビ「ライフチェンジ」の稲益托人さんと平野信貴さん（ともに17歳、博多区）ケンさんは先月お笑い番長の舞台に立ち、13組中2位の票を集めた。「一人前の主宰者を毎回代えていくことなどを取り入れた『ブローカレス理論』で緊張した。だけど僕ケンさんは所属事務所と話し合い、運営する"お笑い熱"は一気に冷めてしまった」と振り返る。その後、シノンさんが芸能事務所に所属し、自身の活動に専念したためだった。「ぼくに代わって誰かが引き継いでくれると思ったが、それはなく、休止期間は福岡の

毎日新聞より一部抜粋

お笑い番長のコンセプト

ていた。そのため、ライブに集まるお客さんが増えないという悪循環に陥ってしまい、2011年に活動を休止することになった。

　そこで、地域コミュニティブランドの手法を取り入れて、2012年9月からお笑い番長を再開させた。九州からお笑いの火を消さないように、お笑いの活動の場を安定的に運営し、それをコミュニティビジネスに繋げるような活動をすること、それを特定の組織やコネクタの力で推進するのではなく、ボランティア、専門家集団・プロ集団、観客などみんなの力で、活動の場を運営するという活動自身をブランディングした。最近では、出演芸人も50組を超え、その中からは、プロで活躍する芸人を輩出するまでになった。また、50名程度の会場は毎回立ち見が出るほどの盛況になった。活動の理念の共有・拡散により、参加する観客、お笑い芸人、構成作家、運営スタッフも増えてきており、現状のライブでは芸人の出演枠が足らなくなってきているほどだ。また、プロの構成作家から指導をうけることで、お笑い芸人のクオリティーも向上するなど、予期せぬ効果も生まれている（毎日新聞、2014）。

7 熊本市主催競輪コンテスト（熊本県）

　熊本市主催の熊本競輪活性化検討委員会では、2013年7月より熊本競輪活性化施策について検討を開始し、2014年2月にそれらを取りまとめた検討報告書を、熊本市の幸山市長に提出した（熊本日日新聞、2014a）。

　これによって、SCB理論を用いた世界初のビジネスモデルコンテストを実施することが決定され、SCB理論を用いた熊本競輪の活性化コンテストが実施された（熊本市、2014）。

　その結果、海外や全国から95件に上る応募があった。応募作品の内訳は、米国から7件、関東から23件、その他の都道府県から7件、熊本県内から58件、約4割が熊本県外からの応募であった。グランプリは米国ボストンチームが獲得し、ハ

熊本日日新聞より一部抜粋

熊本城が見える熊本市役所にて星合委員長より熊本市へ答申を提出

ーバード大学・マサチューセッツ工科大学チームが入賞を果たすなど海外勢の健闘が光った（熊本市、2015a）。

　選ばれた作品を熊本競輪場において実現・実践および検証すること、実践結果に基づいて熊本からさらに全国へと展開することを目的にフィージビリティ検討員会が設置され、実施に向けてのフィージビリティ検証が進められている（熊本競輪、2015）。

熊本市ホームページより一部抜粋
熊本競輪活性化ビジネスモデルコンテスト

8 SCB起業塾（熊本県、群馬県）

　地域活性化・地域情報化・コミュニティビジネス創発のための新たな理論である「地域コミュニティブランド」の考え方を起業支援に活用し、これまでのような「1対1」の個別指導、もしくは「1対多」のセミナー形式で行うものだけでなく、「起業を目指す者同士が集まれる場所をブローカレスで作る（＝コミュニティを作る）」「そこから生まれる物語を発信する（＝自ら情報発信・ブランディングできる起業家の育成と情報発信基地の構築）」という独自の基本構想に基づき、（独）中小企業基盤整備機構の「創業支援事業」として2015年6月にスタートした。

　SCB起業塾では、さらに次の二つのことも狙いとしている。一つは、起業塾と他の活動が繋がることにより他の活動からの起業家誕生を目指すことである。そこで民放テレビ局、雑誌社などが参加しているメディア塾、環境塾などとの連携を行

第1章 総則

（名　称）
第1条　当法人は、一般社団法人ジョブラボぐんまと称する。

（目　的）
第2条　当法人は、地方創生を目指し、地域社会の健全な発展を目的とし、地域コミュニティブランドの手法を用いた起業文化の醸成及び起業・ビジネスのサポートを行うことを目的とする。

「ジョブラボぐんま」定款（一部抜粋）

っている。もう一つは、SCB起業塾の基本構想を他の地域へと輸出することである。

その結果、環境塾において、放置竹林の竹を再利用し商品化を行うベンチャー起業が設立されることになった（熊本市、2015b）。また、このSCB理論に基づくSCB起業塾の基本構想を群馬県において展開することになった。具体的には、群馬県のFM局、地元企業、信用金庫などが連携した一般社団法人「ジョブラボぐんま」が設立された。ここからブローカレス型の起業家コミュニティを構築し、思わぬ発火、新たな起業家を発掘しようとの取り組みがスタートしている。将来的に、熊本で構築されたプラットフォームと群馬で構築されたプラットフォームがブローカレスで繋がることにより、プラットフォームの全国ネットへの発展の奔りとなることが期待されている。

9 SCB放送局新市街スタジオ（熊本県）

　崇城大学SCB放送局では、2014年7月のキャンパススタジオの開局に続き（熊本日日新聞、2014b）、2015年4月に熊本市の中心市街地にある新市街アーケード内に新市街スタジオを開設した（読売新聞、2015）。

　この新市街スタジオは、「場所・人・活動」などの地域資源がブローカレスで有機的に繋がることで、地域活性化、地域課題の解決、地域活動の展開を行うためのプラットフォーム（共通基盤）、ならびに情報発信基地の構築を目指したものである。また、SCB理論の実証・普及、学生・市民への学びの場の提供、放送スタジオの活用・情報発信スキルの向上などを目的に、民放テレビ局（熊本朝日放送、J:COM九州）、ラジオ局（エフエム熊本）、雑誌社（ナッセ）、プロバスケットチーム

崇城大学SCB放送局新市街スタジオ

崇城大学SCB放送局キャンパススタジオ

(熊本ヴォルターズ)、金融機関(熊本信用金庫)などと包括協定を締結し、様々な活動を展開している(くまもと経済、2013)。

また、熊本日日新聞、J:COM九州、FM桐生、雑誌「くまにち すぱいす」などとは、SCB放送局とメディア企業が連携・協働した新聞制作、レギュラー番組の制作・放送を行っている。

さらに、2014年からSCB放送局やメディア企業(熊本朝日放送、エフエム熊本、FM桐生)の協力のもと、スタジオを活用した大学の正式科目として「メディアコンテンツ制作」の講義(4単位)や「ワークショップ」を開講している。さらに、IoTコースやIoTキャンパス、IoTやICT技術をベースに

5年～10年後の情報化社会をデザインするコース、P2Pなどのネット技術による異分野イノベーションを学ぶための教育プログラムなどの開設など2020年の学部改革に向けて、メディア企業、ICT企業と連携した教育プログラムのさらなる拡充を図る計画である。

一方、IT・農業・スポーツ・環境・商店街などの様々な活動と連携するとともに、学生たちが制作したコンテンツは、熊本朝日放送やFM桐生の番組で放送されるとともに、様々なコンテストにエントリーしている。その一つとして、国連防災世界

熊本朝日放送とのSCB理論活用に関する包括協定

熊本日日新聞:2016年5月より連載を開始(月1回)

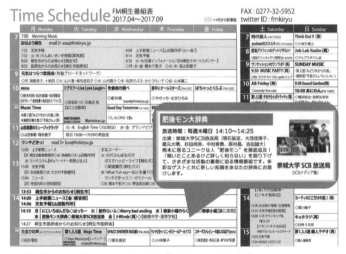

FM桐生でのレギュラーラジオ番組「肥後モン大辞典」
(毎週木曜日放送)

**J:COMの番組「探求!肥後の爽風」を新市街スタジオで制作
2017年10月よりレギュラー番組化(週1回)**

国連防災世界会議第5回防災ラジオドラマコンテスト入賞

会議防災ラジオドラマコンテストで入賞を果たした。これらの教育プログラムは、「SCBアクティブラーニング(SCB-AL)」と呼ばれる。SCB-ALは、企業と連携したプロジェクトベースのアクティブラーニングであり、企業との連携方法、施設の活用方法、成果の可視化方法などに特長がある。

　なお、新市街スタジオの運営会社として女子大生が社長を務めるコンセプトラボ(株)が設立された(熊本日日新聞、2014c)。

崇城大学情報学部に放送スタジオが完成

NOW ON AIR!

崇城大学に最新の放送機材を装備した放送局が開局．その名も崇城大学 SCB 放送局．2014 年 7 月にキャンパススタジオが，2015 年 4 月に新市街スタジオがオープンしました．

2017 年春の時点で，熊本朝日放送 (KAB)，くまもと県民テレビ (KKT)，J:COM，熊本日日新聞社，雑誌「Nasse」，雑誌「すぱいす」などメディア企業 9 社が新市街スタジオに集結し，互いに連携した活動を展開しています．

包括協定：KAB　FM 熊本　雑誌「Nasse」　熊本ヴォルターズ
　　　　　熊本信用金庫　　J:COM

番組連載：FM 桐生　熊日新聞　Nasse　J:COM

テレビ局や FM 局の協力のもと新たな授業が開講，学生が主体となってコンテストへの参加も積極的に行っています．

熊本市・合志市，NTT 西日本・NEC などの IT 企業，熊本信用金庫，嶋田病院などの医療機関，サブカルチームなどと連携し，約５０のプロジェクトを新市街スタジオにおいて推進しています．

SCB放送局の概要

10 Binnovative（米国マサチューセッツ州）

　ハーバード大学、マサチューセッツ工科大学、バブソン大学などのMBA取得者が中心となって設立した米国マサチューセッツ州のNPO法人「Binnovative：Collaborate to Innovate」は、「協創体験の提供を通じて、日本及びアメリカのアントレプレナーシップの向上を目指す」というミッションを掲げている。

　Binnovativeは、マサチューセッツにおける世界水準のアントレプレナーシップを育てるエコシステムや、ボストンの充実した起業文化、異文化交流体験を愛してやまないボストニアンの姿勢を日本が参考にすべきと考え、ビジネス・テクノロジー関連のイベントを主催することで、日米両国のコミュニティを巻き込み、起業と異文化理解における社会問題の改善に取り組んでいる。

　Binnovativeのプロジェクトの特徴は、アメリカ東海岸における文化の多様性を生かしながら、イノベーションに積極的なボストンと日本のコミュニティのコラボレーションを生み出すことである。日本には技術を磨き、細部を重視する文化があり、かたやボストンには精力的で自由な文化がある。二つの文化が組み合わさることで魅力的なイノベーションの醸成ができると考えられている。

Binnovativeの主なイベントとして、NASA主催のハッカソンイベントInternational Space Apps Challenge（ISAC）のボストン地区のオーガナイズを2014年から毎年行っている。69ヶ国世界187拠点（2017年実績）が参加する本イベントで、Binnovativeは毎年唯一のユニークなコラボレーションを実現している。ISACは、NASAの提示する課題について5～6人のチームプロジェクトによって解決策を生み出す2日間のイベントであるが、Binnovativeはボストンからの参加者と日本からの参加者をオンラインでマッチングさせ、オンラインコラボレーションでハッカソンのチーム作業を行っている。

　これまでBinnovativeは、東京会場のISACの参加者、また東京大学のラボからの参加者、そして熊本からの参加チーム

NASA主催のハッカソンイベントInternational Space Apps Challenge をSCB放送局新市街スタジオにて開催

として「SCBプロジェクト：アプリーグ」を繋いだ合同チームを結成し、参加者へ稀なコラボレーション体験を提供してきた。

　また、合同チームの作品からは過去にNASA ISACのグローバルジャッジでファイナリスト（世界トップ25作品）に選ばれる優秀な作品が2作品ほど輩出されており、Binnovativeがプロデュースする日米シナジー効果の有効性はグローバルの舞台でも評価されている。また、日本のラーメン店のアメリカマーケット展開のビジネスアイデアを競うコンペティションなど様々なオープンイノベーションイベントを行い、日本の食文化を熟知する日本人とアメリカのマーケティングを肌で知っているアメリカ人によるアイデアの創出により参加者のマインドセットに対する影響だけではなく、そのシナジー効果から有効なgo to market strategy創出の場を生み出している。

　加えて、日本で開催されるコンテストにも積極的に参加し、熊本競輪の事業活性化ビジネスモデルコンペティションへ、アメリカ人と日本人参加者で構成されたチームで作ったアイデアを応募し、応募作品7点のうちグランプリを含む2作品の受賞という結果を得た。このことからもBinnovativeの創出するマルチカルチャーのシナジー効果はアイデアの斬新さかつ実現可能なレベルへの評価落とし込みまで行うことのできるレベルの高いものであることが証明されている。

　Binnovativeの活動には様々なSCB理論が取り込まれて

いるが、特に活動に人を巻き込むためのイトコのデザインには工夫が凝らされている。Binnovativeは自身の活動のイトコを次のように活用している。

(1) インセンティブ〜活動に参加する動機付け

　普通は繋がれないような企業や日本領事館とのコラボレーションが体験できる。また、ハッカソンなどの活動を通じてアイデア創出のスキルアップや、日頃考えているビジネスプランのブラッシュアップが可能となる。

(2) トラスト〜安心して活動に参加し続けられる信用

　参加者がアントレプレナーシップの向上に関心を持つフリーランスの個人、法人、政府機関や大学生など各分野でのプロフェッショナルたちであり、彼ら専門家がBinnovativeの構成主体となることで活動全体の信用性（トラスト）を強化し、さらにBinnovativeの活動への参加インセンティブを高めている。

(3) コネクタ

　Binnovativeへの参加形態（コネクタ）は、アントレプレナーシップの向上という活動趣旨に賛同し、活動に関する最低限のルールを尊重することのみというゆるやかなものである。その最低限のルールの一つとしてサーバントとしての役割を担うことがある。これはBinnovativeのユーザであると同時に新たな活動への参加者をBinnovativeへと繋ぐ仲介者であり、かつBinnovativeの運営者であるというマルチロールを担うというものである。

Binnovativeの多くのコアメンバーは過去のイベント参加者が多いこと、またイベントのボランティアは、過去のイベント参加者または以前のいずれかのイベントでボランティアを経験したことがある人が多数を占めることがそのことを証明している。

11 その他の活動

　プロバスケットチーム「熊本ヴォルターズ」(熊本)と連携したSCBアクティブラーニングの開発・運用・普及、NASAとのハッカソンを開催したアプリーグ(愛媛、熊本)、スポーツ塾、IT農業塾、声優塾、行政プロジェクト(くまもと経済、2014b)、日本パスート(株)や国立研究開発法人防災科学技術研究所との共同研究、など全国で約50のアクティビティが展開されている。

　また、SCBの普及活動として、SCB協議会の設立(NHK、

SCB全国サミット in 阿蘇 (2013.2.13)

SCB協議会設立記者会見(県庁,2013.11.27)　左から小野副知事、中山学長、筆者、荒木市長、吉見助教(早大)、金光助教(早大)

15:00	<ゲスト> **伊勢谷 友介** 氏 俳優／映画監督 株式会社リバースプロジェクト 代表 ほか
16:15	<講 師> **高野 登** 氏 ザ・リッツ・カールトン・ホテル・カンパニー元日本支社長 人とホスピタリティ研究所 代表
18:00	<ゲスト> **杉田 かおる** 氏　女優／武雄市食育アドバイザー **ヒミ＊オカジマ** 氏　HiMi NY Corp CEO **星合 隆成** 氏　崇城大学教授 ほか

「SNSは自治を変えることができるのか」
日本facebook学会総会 in 武雄市

報道資料　　　　　　　　　　　　　 **総務省**
　　　　　　　　　　　　　　　　　　MIC　Ministry of Internal Affairs and Communications

平成29年11月17日

関東総合通信局

「はたらきかたシンポジウム」を開催

　関東総合通信局(局長:関 啓一郎)は、ジョブラボぐんま及び関東ICT推進NPO連絡協議会との共催により、「はたらきかたシンポジウム」を下記のとおり開催します。

　関東総合通信局では、関東ICT推進NPO連絡協議会とともにICTを利活用して地域課題の解決と地域情報化を推進する活動をしているNPO団体等に対し支援・協力を行っています。
　地域においては、人口減少・高齢化の進展、東京一極集中など様々な課題が山積する一方、ICT(IoT)は、個人の働き方からビジネスの在り方、産業構造の変化を促し、地域においても新たなビジネス・雇用の創出、地域の課題解決を図るための効率的・効果的なツールとしても強く期待されています。
　こうした環境の中、職業や年齢など異なる人々がICT(IoT)の理論や技術を生かして「つながり」を形成し、地域全体で地域の人材や資源を有効に活用することでリソース不足を補う等、ICTを活用した地域経済活動や地域コミュニティの活性化を目指したシンポジウムを開催します。
　本講演では、積極的にICTを生かすための"ネットワーク理論を基にした地域活性化理論"を学び、"ICTを活用したまちづくり"をステップアップさせることを目指しています。加えて、アイデアを形にするための効果的なICTの活用方法について、ネットワーク理論の専門家からアドバイスを頂きます。

1 日時

平成29年12月9日(土曜日)15時から18時まで (受付開始 14時30分)

15時から	開会挨拶
15時10分から	第一部:基調講演 演題:「コミュニティビジネス創発《理論と実践》」 崇城大学情報学部教授 星合 隆成

総務省関東総合通信局サイトより一部抜粋
http://www.soumu.go.jp/soutsu/kanto/press/29/1117re-2.html

総務省関東総合通信局「はたらきかたシンポジウム」

熊本信用金庫と共同開発したSCBのロゴが入った現金封筒

http://conceptlab.jp/doc/SCB_conect.m4v

日本透析医学会の依頼により制作したSCBのPV

2013)(熊本日日新聞、2013)、SCB理論を始めとするICT理論による地域活性化を推進することを目的とした一般社団法人SCBラボ（SCB研究所）・イノベーションアカデミーの設立、SCB理論を用いたスタートアップを目的とした一般社団法人「ジョブラボぐんま」の設立、SCB全国サミット（合志市、2013）、合志市主催のSCBシンポジウム（読売新聞、2013b）、経産省主催のまちげんきフェス（経産省、2015b）、日本facebook学会での基調講演（47行政ジャーナル、2012）、総務省関東総合通信局とジョブラボぐんまが共催した「SCB理論を用いた働き方シンポジウム」（上毛新聞、2017）などを実施し、SCB理論の普及に努めている。

　また、さらなるSCB普及の観点から、熊本信用金庫と共同でSCBロゴ入りの現金封筒を制作し、信金の各店舗でお客様にご利用いただいている。また、日本透析医学会からの依頼に基づき、2017年6月17日に開催された「第62回日本透析医学会学術集会・総会」においてSCBの概要を紹介するためのプロモーションビデオ制作を依頼されたことから、「5分間で分かる地域コミュニティブランドSCB：つながるの本質を考える」を制作し、総会当時にプロモーションビデオの放映を行った。

COFFEE BREAK

⑬

オープンイノベーション

オープンイノベーションとクローズドイノベーション。

すさまじいスピードで産業や技術の盛衰が進む現代。先が読めない時代と言って暗い気持ちになる人もいれば、新たなチャンスが生まれる時代とポジティブに捉える人もいる。ハーバードビジネススクールのヘンリー・チェスブロウ教授は、企業が技術革新を起こし続けるために企業内部と外部のアイデアを有機的に結合させ価値を創造するための概念として「オープンイノベーション」を提唱した。

これまで企業における支配的なパラダイムであったクローズドイノベーションでは、成功するイノベーションはコントロールが必要であり、他社の能力を信用せず、企業は自らアイデアを発展させ、マーケティングし、サポートし、ファイナンスすることによってのみ成り立つとしていた。

これに対して、オープンイノベーションは、自らの企業の枠を超えて他社やベンチャー企業、ベンチャーキャピタル、大学などの研究機関、政府機関の持つテクノロジーやアイデアと結合することでシナジーが生まれ、そのシナジーから新たな商品やサービスを生み出すことを推奨している。

チェスブロウ教授は不確実性の高い新たなマーケットにおけるテクノロジーの開発プロセスをポーカーに喩えている。既存のビジネスにおいてテクノロジーを活用することはチェスゲームのように競争条件やゲームに勝つために必要なことを理解した上で相手の動きを何手も先まで予想できるのに対して、新たなマーケットを開拓する場面ではポーカーのように不確実な状況下で判断し、次の展開に

進んでいかなければならないのだと。

　つまり自らの持つアイデアだけでビジネスを続けるのは困難な時代であることを認識し、外部のさまざまなプレイヤーたちと繋がって新たなテクノロジーを創造し新たなマーケットで活用することが必要だと主張している。

　とはいえ、戦略もなく連携すればいいというものではない。企業はテクノロジーの新たな結合方法を考案することは企業自らが行うべきであり、それを他社に委ねてしまうことは結合によって生み出されるシステム全体のコントロールを他社に譲り渡すことになる。自社の利益をうまく確保しながら他のテクノロジーとうまく結合していく、そんなシステム構造を生み出していく必要がある。

　そのようなよく練られた結合手法はテクノロジーの価値を経済的な価値に変化させることを可能にし、優れたビジネスモデルと呼ばれるであろう。外部との効果的な結合によってビジネスモデルを生み出すことの重要性は、Xeroxからスピンオフした二つの企業の例（3Comはベンチャーキャピタルと繋がりEthernetで成功し、AdobeはPostScriptをPCやプリンタメーカーにOEM提供することで大きな利益を生んだ）や、Intelが大学の研究プロジェクトやベンチャー企業を資金や技術面でサポートしマイクロプロセッサ分野での覇権を握り続けてきたことからも明らかである。

　オープンイノベーションでは、テクノロジーがいかに優れていたとしても、他のシステムと結合しなければ意味がないとまで言われている。よしんば劣ったテクノロジーだとしてもうまく他のシステ

COFFEE BREAK

ムと結合すれば普及するし、二流のアイデアやテクノロジーであっても優れたビジネスモデルと結合することで大きなシェアをとれるかもしれない。

　変化の激しい時代であるからこそ、企業は外部の多様なプレイヤーと連携しながら力を蓄え、チェスもポーカーもプレーできるようになることをオープンイノベーションは提案している。

COFFEE BREAK 14

地域コミュニティブランド 誕生の背景

　地域コミュニティブランドの提唱者である筆者は、本来はネットワーク、コンピュータ、オペレーティングシステム、ソフトウエア工学などのICTの専門家である。1986年にNTT研究所に入所すると、オールジャパンで国産のオペレーティングシステムの研究開発を推進していたトロンプロジェクトに配属された。ここで、約7年間、オペレーティングシステムの研究開発や標準化に従事するとともに、OSカーネルの仕様設計責任者を務めた。1995年、33歳のとき、次世代ネットワークの研究のため、米国のベルコミュニケーション研究所に2年間留学した。ここでの経験が、1998年のブローカレス理論の提唱に繋がった。発表当時、まったく注目されなかったブローカレス理論であるが、2000年のグヌーテラやナップスターといったP2Pファイル交換アプリの登場により、ブローカレス理論が世界初のP2P技術の一つとして、世界的に一躍注目されるようになった。それ以降、ブローカレス理論を用いたネットワークシステムの実用化に向けての研究開発を推進した。2011年以降は、P2P技術を用いて、地域における人的ネットワークの形成や、地域資源をブローカレスで繋げることで、そこから地域活性化やコミュニティビジネスの創発を図ることを目的とした「地域コミュニティブランド」の研究を進めている。これは、P2P技術を地域の人的ネットワークや地域資源の繋がりに活かせないかとの発想から生まれたものである。我々は、ICTの理論を地域活性化に活用する取り組みを総称して「SCB:地域コミュニティブランド」と呼んでいる。これは、単に、ホームページやアプリを作ることを意

味するのではなく、数ある業界の中で最も成功したICT業界の成功の秘訣、エッセンスを地域活性化に活かすべきであると考えたのである。

　このような背景から2011年に考案された「地域コミュニティブランド（SCB: Social Community Brand）」は地域活性化、コミュニティビジネス創発のための新たな手法であり、全国で約50のプロジェクトがこれまでに推進されている（Yahoo!ニュース、2015）（朝日新聞、2013）（熊本日日新聞、2012）（読売新聞、2013a）（くまもと経済、2014a）。地域コミュニティブランドの基本コンセプトは「モノ」ではなく「活動」や「繋がり」をブランディングすることにより、ブローカレスな地域コミュニティを構築し、そこから地域活性化やコミュニティビジネスの創発を行うことにあった。

　この地域コミュニティブランドは、1998年に提唱されたブローカレス理論を基にしている（星合隆成、2003）。ブローカレス理論は、インターネット上に自己組織化型・自律分散協調型のネットワークコミュニティを構築するためのネットワーク理論であり、地域コミュニティブランドは、このブローカレス理論を用いることで、地域においてブローカレス型の人的ネットワークを構築しようとの試みである。

COFFEE BREAK
⑮
スーパーマーケットと御用聞き社会

　クライアントサーバモデルを、より具体的に理解するために、現実の社会モデルに置き換えて考察してみよう。ここでは、みなさんが良く知っているスーパーマーケットをモデルとして考える。クライアントサーバモデルにおけるクライアントには、消費者が相当する。一方ブローカであるサーバにはスーパーマーケットが相当する。

　このとき、スーパーマーケットの役割は、次のようになる。

　①消費者は、スーパーマーケットに出向き、希望の商品を購入する。これはクライアントがサーバから情報を入手することに相当する。このとき、消費者がスーパーマーケットの役割を果たすことも、スーパーマーケットが消費者の役割を果たすこともない。

　②消費者同士は、スーパーマーケットで出会うことができる。これは、サーバを介してクライアントが出会えることに相当する。つまり、スーパーマーケットは、消費者同士を繋げることができるコネクタの役割を永久的に果たす必要がある。

　③スーパーマーケットが閉鎖されると、消費者は商品を購入することができない。これは、サーバがダウンするとクライアントは情報を入手できないことに相当する。

　④消費者の数や扱う商品の数が増えてくると、店舗の拡張や、人員の増強を行う必要に迫られ、そのための設備投資が必要になる。この投資が投資リスクとなる。また、スーパーマーケットを運営するための運営コストも必要になる。

　⑤スーパーマーケットは、他社に勝たなければならない。そのためには、消費者ニーズを把握し、業者からニーズに合った商品を納

入し、お客のための品揃えをする。良い商品を安く仕入れ、販売することが必要になる。そのためには、一括で大量購入した商品を各店舗に最適配置するなどの最適配置問題を解くことで、どのようにしたらグループとしての利益が最大になるかを考える必要がある。

まさに、スーパーマーケットは業者・生産者と消費者を繋ぐ仲介者（ブローカ）の役割を果たしている。そして、他社との競争に打ち勝つために、世界一のブローカになることを目指して、日々の研究開発、商品開発、設備投資、人材確保などの様々な投資や企業努力を行っているのである。

このように、ブローカとしてのスーパーマーケットには良い点がたくさんある。たとえば、品揃えが豊富でワンストップで欲しい商品を入手できる、厳選された商品を安価に購入できる点などである。デメリットとしては、ブローカであるスーパーマーケットがなくなった時点で、消費者は途方に暮れることになる。サーバと同様に、スーパーマーケットには永続性、持続性が要求されるのである。そして、スーパーマーケットを持続的に運営するためには、その運営コストが問題になる。

一方、このようなスーパーマーケットに対して、自由度が高くフレキシブルなビジネスモデルとして、御用聞き社会（御用聞き型のコミュニティ）をインターネット上に構築できないかと、米国留学中の1995年頃から考えるようになった。

御用聞き社会では、ブローカは存在しない。その代わりに、サプライヤ（業者・メーカなどの商品の提供者）が消費者に直接、商品

COFFEE BREAK

15

を提案したり、逆に、消費者がサプライヤに商品を問い合わせたり、さらには、サプライヤ同士、消費者同士がブローカを介さないで、直接コミュニケーションする社会である。

このような御用聞き社会に対して、スーパーマーケットの効率化・最適化を求めることは困難であるが、スーパーマーケットにはない柔軟性、自由度、ゆるやかさが存在する。また、ブローカが存在しないため、運営コストも掛からない。そのため、特定のブローカ（スーパーマーケット）に対する依存をなくすことができるため、持続可能なコミュニティを構築できると考えたのである。

しかしながら、御用聞き社会を構築するに際して、注意しなければならないことがある。それは、次の2点である。

①御用聞き社会は、スーパーマーケットに比べて自由で柔軟性に富んでいる反面、たとえば、反社会的な商品の流通を防ぐことが困難である。そこで、このような商品の流通を防止できる仕組み、信用の高いコミュニティを構築できる仕組みが必要になる。

②御用聞き社会は、スーパーマーケットを否定するものではない。スーパーマーケットと御用聞き社会は、それぞれにメリットとデメリットが存在する。つまり、スーパーマーケットと御用聞き社会、ひいては、ブローカモデルとブローカレスモデルの両者は排他的なものではなく、補完しあえる、車の両輪のようなものである。

しかしながら、現実社会においては、商店街の疲弊に伴う地域社会の崩壊が買い物難民と呼ばれる新たな社会問題を引き起こしている。つまり、御用聞き社会とスーパーマーケットを融合させる仕組みが欠如しているのだ。

そこで、筆者はこのような御用聞き社会を、インターネット上に

構築できないかと考えるようになった。これを実現するためにはどうすればよいのか、そのための実現技術が1995年当時、存在していなかったのである。もし、この実現技術を明らかにすることができれば、きっと、インターネットに革命を起こせると考えた。このような背景から生まれたものがブローカレス理論である。

ブローカレス理論では、インターネット上に御用聞き社会を実現するための仕組みを提案している。さらに、ブローカとブローカレスを融合させる仕組み、つまり、スーパーマーケットと御用聞き社会を融合させる仕組みとして、「イトコ」「セミピュアモデル」「サーバント」「芋づる式」といった考え方を提案している。たとえば、スーパーマーケットを御用聞き社会のメンバー（ピア）として参加させる仕組みであるセミピュアモデルは、持続的・安定的な御用聞き社会を構築するために必要な機構なのである。

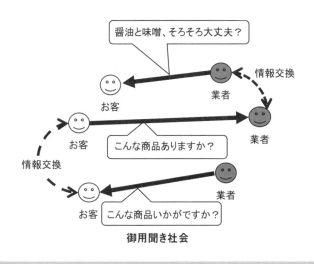

御用聞き社会

COFFEE BREAK ⑯

SCBストーリー

　ブローカレス理論をコンピュータネットワークの構築だけでなく、地域における人的ネットワーク（地域コミュニティ）の構築にも活かすことはできないか。これが地域コミュニティブランドを考案したそもそもの動機である。ブローカレスモデルが有する高い自由度・柔軟性・持続性・低コスト性が地域における人的ネットワークの形成に有効であり、これまでのトップダウン的・中央集権的なアプローチよりも親和性が高いと考えたのだ。

　熊本市の中心市街地である新市街商店街に、地域活性化の拠点、情報発信基地としてSCB放送局が誕生した。これは、個人所有の多数のパソコンを自律分散協調させることで、スーパーコンピュータに負けない性能を発揮するというICT（情報通信技術）上の理論であるブローカレス理論を、地域活性化・地域情報化・コミュニティビジネスの創発に応用しようという取り組みで、筆者が中心となって進めている。つまり、コンピュータを自律分散協調させるためのブローカレス理論を人的ネットワークや地域コミュニティの構築に活用しようという試みなのだ。

　飲食店などが並ぶ、にぎやかなアーケード商店街。そのビルの1～2階に2015年4月、SCB放送局新市街スタジオがオープンした。ガラス張りで、1階部分は放送スタジオ、2階部分はフリースペースとなっている。たとえば毎週火曜日には、スタジオでは崇城大学の学生や市民が、地元のプロバスケチーム「ヴォルターズ」の情報を発信するネット番組をオンエア、2階ではIT塾が開講されている。

人を集めるのではなく、人が集まる場所を作りたかった。アイデアや技術を持つ人々が、この場所で自然と繋がり、課題解決に向けた何かを生み出す仕組みにしたい。これが新市街スタジオをオープンした動機である。

　筆者は、元々、地域活性化や街おこしではなく、コンピュータネットワークの専門家である。NTTネットワークサービスシステム研究所の主幹研究員だった1998年、ネットワーク理論「ブローカレス理論」を提唱した。

　これは、大型のサーバコンピュータを中心にネットワークを構築・維持するのではなく、自律分散する中小型のコンピュータを繋げて、情報をやり取りするという理論であった。このブローカレス理論を用いて、NTT西日本は「フレッツ光サービス」を実用化した。ネットワークに繋がった膨大な数のパソコンを活用し、スパコン並みの計算能力を実現させたのである。このサービスは遺伝子の構造解析、気象予測、小惑星イトカワのデータ解析など多くの分野で使われた。一台一台はたいしたことなくても、それらを自己組織化・自律分散協調させることでスーパーコンピュータに匹敵するコンピュータを作り上げたのだ。

　筆者はこのブローカレス理論を、コンピュータネットワーク上だけでなく、人的ネットワークの形成や地域コミュニティの構築に応用しようと考えた。そして、これまでのように、活動の結果として生まれたモノをブランディングするのではなく、モノが生まれるまでの過程や活動、ブローカレスで構築されたコミュニティや人・技

COFFEE BREAK
16

　術・アイデアなどの繋がりそのものをブランディングすることを提案した。つまり、モノよりもブローカレスで構築されたコミュニティや繋がりに、より大きな価値があると考えたのである。

　そこで誕生したのが、地域コミュニティブランド（Social Community Brand、略称SCB）の発想である。個人所有のパソコンを繋いで仮想的なスーパーコンピュータを構築したように、地域おこしに関わる人々が結びつき、自発的に取り組みを進めることで、最大限の効果発揮を図る。また、その取り組み、活動、活動間の繋がりそのもののブランド化を目指すというものである。

　このように地域コミュニティブランドは、地域活性化・地域情報化・コミュニティビジネス創発のための新たな理論であり、地域活性化に向けての様々な課題を共通的に解決するためのプラットフォーム（共通基盤）を提供するものである。つまり、SCBプラットフォームが地域の課題を解決する、SCBプラットフォーム上で地域の様々な活動が効率的に展開され、活動同士が繋がることになる。

　SCBの発想に沿って、すでに全国で50のプロジェクトが動いている。たとえば、繊維産業の町、群馬県桐生市では「nunotech（布テク）」の名称で活動が始まった。地元のメディア関係者と工業デザイナーらが交流する中で、若者のアイデアを取り入れた「iPadケース」などの商品がすでに実用化されている。この活動は熊本県の「繊維産業を核とした地域コミュニティブランドを生み育てる地域づくり協働モデル事業」、さらに「eDo」という名で進化を遂げ2015年のJAPANブランド育成事業にも認定された。この他にも、宮崎県立小林秀峰高校での活動、福岡から生まれたファッション雑誌「LIRY」の中国マーケットへの進出など多くの成

果が生まれている。

　筆者は2012年、崇城大教授に就任し、2014年4月、熊本市西区のキャンパスに最新鋭スタジオ「SCB放送局キャンパススタジオ」を開設した。ここを拠点に人的ネットワークが繋がりはじめている。熊本競輪活性化プロジェクト、起業塾（中小機構創業支援事業）、農業塾、IT塾、自転車塾、熊本市の「魅力向上店舗等運営事業」など、放送局を拠点に学生と地域住民や専門家、自治体職員も参加して、さまざまな活動や番組制作、情報発信などの地域活性化が進んでいる。

　新市街商店街のスタジオは、放送局の第2弾として開設されたものであり、中心市街地の活性化を目的としたものである。ICTの世界の考え方を地域に導入することで、活性化を図りたい。熊本で成功させ、全国へさらに拡大していけば、日本の底力になるはずだと考えている。

演習ノート (活動・概念名: 　　　　　　　　　　)

IFとして公開するものを記述しよう(物語として発進)　Ⅱ

地域資源をピア化しよう

Ⅴ　新たに発火した

ファイ

Ⅲ

ピア間の繋がり(トポロジー)を記述しよう

活動・概念・プロセス・繋がりに名前を付けよう

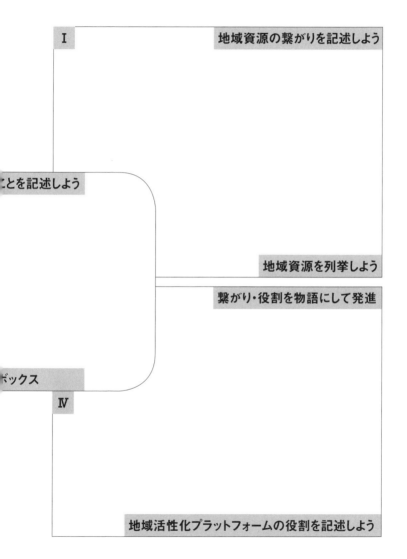

- Ⅰ 地域資源の繋がりを記述しよう
- ことを記述しよう
- 地域資源を列挙しよう
- 繋がり・役割を物語にして発進
- ボックス
- Ⅳ
- 地域活性化プラットフォームの役割を記述しよう

むすび

　ＩＣＴを単なるツールとして活用した地域活性化を目指すのではなく、ＩＣＴの理論や本質（エッセンス）そのものを地域活性化に活用することが地域コミュニティブランドの目的である。つまり、最も成功した業界の一つであるＩＣＴ業界の成功の秘訣、この３０年間で飛躍的な進歩を遂げたＩＣＴの理論や考え方（理念・コンセプト）の中にこそ、地域活性化のヒントが隠されているのではないかと考えたのである。

　このような背景から新たに考案された地域活性化のための理論が「地域コミュニティブランド」であり、地域コミュニティブランドの本質は、「地域資源の繋がり」を「科学」すること、すなわち、繋がりの仮想化、体系化、可視化を学術的に明らかにすることである。

　地域活性化に理論を導入することの意義・有効性について次のものが考えられる。

　①活動を進めるに際しての羅針盤となる。活動に行き詰ったとき、悩んだとき、理論は進むべき道を、すべての人に対して公平に示してくれる。

　②地域で活動されている人々がしばしば発言されることがある。地域には「お山の大将」が多くて、互いに足の引っ張り合いをする。たとえば、Ａさんの言うことには従いたくないなど。そんなとき、理論が「こうしろと言っている」との発言は、これまでにも、地域に受け入れられることが多かった。

③従来の地域活性化は、「課題解決型」と呼ばれる方法が一般的であった。課題解決型では、活動を推進する上での課題を体系化し、一つ一つ課題に対する改善策を整理していく。つまり、一つ一つ擦り合わせをし、手作りで作りあげていくイメージである。これは、日本人が得意とするところであるが、どうしても高コストになってしまう。これに対して、理論は、低コストでの地域活性化をサポートする。

④地域活性化の活動を通じて、多くの知見が得られるがそれらをフィードバックすること、共有することは容易ではないが、理論ベースでは、これらの知見を理論のエンハンスに活用することができ、理論を通じて共有することが可能になる。

さて、本書では、地域資源の繋がりを効率的に形成するためには、地域資源の繋がりを仮想化することが重要であることを述べた。

この地域資源の繋がりを仮想化するためには、地域資源をピアとして仮想化し、インタフェースを介したピアグループを形成する必要があった。なお、地域資源をピアとして仮想化するためには、地域資源をピア内部にカプセル化し、外部に対してインタフェースのみを公開する。

ピアグループを形成するためにインタフェースとして公開されるものとしては、機能、モノ（オブジェクト）、活動・概念の3種類が提案されたが、その中でも、活動・概念をインタフェースとして公開する方法が、繋がりの寿命、繋がるためのコスト、繋がりやすさ（拡散力・共感力などの繋がるための威

力）などの観点から有効であることを述べた。また、繋がりを加速するために、活動を物語にして拡散することが有効である。「ああ、あのモノね」ではなく、「ああ、あの活動ね」「ああ、あの活動から生まれたモノね」「ああ、あのコンセプトから生まれたモノね」と言われるように。

　次に大切なことは、ピア同士の繋がり方（トポロジー）である。トポロジーとして、サーバモデル、クライアントサーバモデル、ハイブリッドモデル、ピュアモデル、セミピュアモデルの５つのモデルを提案し、その中でも、セミピュアモデル（Ｐ２Ｐ）が、インセンティブ、トラスト、コスト、持続性・安定性、スケーラビリティなどの観点から有効であることを示した。

　最後に、ピアグループの形成によって構築された地域資源の繋がりを、地域活性化のためのプラットフォームとして可視化することが重要であることを述べた。地域コミュニティブランドでは、地域資源そのものよりも、地域資源の繋がりにこそ価値があるものとして定義される。そこで、モノではなく繋がりを物語にして拡散することが有効になる。これにより、地域活動の効率化、活動の連携や共有、新たな発火が起きることを示した。

　このように、地域にすでに存在している地域資源を、何によって繋げ（仮想化）、どのように繋げ（トポロジー・体系化）、繋がりをどのように活用するのか（可視化）、を考慮した地域活性化、街づくりのデザインを実践する必要があるのだ。

　また、近頃では、話題のＰ２Ｐ技術であるブロックチェーン

の登場により、「IoT×ブロックチェーン（P2P）×AI」によるブロックチェーンをベースとした地域活性化プラットフォームの実現が現実味を帯びてきた。筆者も、地域活性化、地方創生の切り札として、地域における理論の導入、P2P（ブロックチェーン）を用いたプラットフォーム化の実践を推進していく考えである。

　さらに、近年では、学校のアクティブラーニング教育に地域コミュニティブランドを応用した「SCBアクティブラーニング（SCB-AL）」教育プログラムが注目されている。これは、企業と連携したプロジェクト型のアクティブラーニングにSCB理論を応用しようとの試みである。

　このように地域コミュニティブランドは、地域活性化ばかりでなく、教育をはじめとする様々な分野にもイノベーションを起こす「異分野イノベーション」のための仕組みとしても有効なのである。

　一方、本書では本質を見極めることの重要性について述べてきた。そして、本質を見極めるためには、一つのテーマをやり続ける努力が何よりも大切であることも述べた。「継続は力なり」である。

　ノーベル物理学賞を受賞した東京大学名誉教授の小柴昌俊さんの言葉、「成功した最大の理由はカンである。しかし、考えに考え抜いたうえでのカンは当たるものなのです。」

　やっぱりやり続けること、努力することは大切だと思う。筆者もP2Pの研究を始めて早20年、いまだにしつこくやり

続けている。ICTの研究者がどうして地域活性化を行っているのかと質問を時々受けるが、それはそうではなく、一貫してP2Pの研究を行っているのである。

　我が家の長男真吾と長女志保は、真吾が小学校4年生、志保が小学校2年生の時に、漫画「ヒカルの碁」の影響で囲碁を始めた。当時、「ヒカルの碁」は子供たちの間で大ブームであった。2018年5月19日現在、真吾が大学4年生の23歳、志保は21歳になるが、それからの12年間ずっと囲碁を続けている。

　志保は小学校6年生のとき中学受験。都立の中高一貫校に通いながら、15歳の中学3年生のとき囲碁のプロ試験に合格した。いまでは囲碁の女流棋士として頑張っている。

　実は、この本の執筆をしている2018年5月19日、会津東山温泉「今昔亭」において、女流立葵杯という女流タイトル戦の準決勝を戦うことになっている。タイトル戦5連勝で準決勝まできた。もう少しで念願のタイトルを手にすることができる。だが準決勝の相手は、女流本因坊のタイトルホルダーである謝依旻六段、強敵である。

　その19日の朝7時、準決勝が始まる3時間前、会津にいる志保から熊本に電話があった。「お父さん、ドキドキしちゃって、落ち着かなくて」対局前に志保から電話がくることなどこれまで一度もない。彼女なりにプレッシャーと戦っているのだなと思った。それで、「結果を気にせずベストを。楽しんでおいで。このプレッシャーもいい経験になるよ」と言った。実は誰よりも良い結果を期待している筆者ではあるが、本音をとても

言うことはできない。今日は気になって、本の執筆もこれ以上、進みそうにもないなと思いながら。それでも、娘が頑張ってくれているおかげで、父である筆者も良い経験、勉強をさせてもらっている。

　長男の真吾は、小学校６年生の終わりに、囲碁の全国大会である「ジュニア本因坊戦全国大会」で準優勝した。決勝戦、残念ながら「半目」負けをきっした。

　この大会での準優勝をきっかけに、中学３年生のとき、高校受験をしないでたった一人で韓国に囲碁留学をした。今思えば、高校を受験しないなんて、ずいぶん無茶なことをしたものだとも思うが、そのときは特に何も考えていなかった。当時は、自分の道を究めること、物事の本質を見極めることのほうが大切に思えたのかもしれない。

星合志保二段
人気上昇中の囲碁棋士。NHK杯囲碁トーナメント読み上げを担当。好きな食べ物は、とんかつと濃迫せんべい。

帰国後、1年遅れで高校を受験した。高校に通いながらプロ試験に挑戦したが、残念ながら、17歳（高校2年生）までという年齢制限によりプロ棋士になることはできなかった。

　一方で、高校3年生のとき、高校生の夢舞台である全国高校囲碁選手権大会で優勝し、高校チャンピオンになった。また、現役で大学にも合格することができ、現在では早稲田大学囲碁部主将として、学生タイトル（全日本学生囲碁十傑戦優勝、全日本大学囲碁選手権優勝など）をとることもできた。今後は社会人になっても新たな道を見つけ、それを究めてほしい。

　一方、次女、現在中学3年生である。いまだ自分を見けられず、悩んでいるようである。一言アドバイス、「トコトン悩みなさい。悩んで、悩んで、悩んだその先に未来は必ずあるから」

　研究者にとって新たな研究分野を開拓すること、新たな理論体系を構築すること、それを著書としてまとめることの幸せに勝るものはない。今回、本書の出版に際してご尽力くださった関係各位に感謝する。

2018年10月
著者記す

関連サイト

○wikipedia
https://ja.wikipedia.org/wiki/地域コミュニティブランド
○コンセプトラボ株式会社・SCB放送局新市街スタジオ
http://conceptlab.jp/
○Yahoo!ニュース:ICT理論、まちおこしに応用
http://conceptlab.jp/yahoonewsseihonn.pdf
○マイノビU17:ICTの理論を活用した地域活性化で新しい価値を生み出そう!
http://conceptlab.jp/doc/U-17kakou.pdf
○SCBプロモーションビデオ(PV2:5分間で分かるSCB)
http://conceptlab.jp/doc/SCB_conect.m4v
○SCBプロモーションビデオ(PV1)、FM桐生制作
http://conceptlab.jp/doc/SCB.m4v
○ブローカレス型探索モデルと意味情報ネットワークSIONet、
コミュニケーションとネットワークの未来
https://www.youtube.com/watch?v=l9cRiBoZMKk
○意味情報ネットワークSIONet
http://www.brokerlessmodel.com/main.html
○ブローカレス理論
http://www.brokerlessmodel.com/
○NTT情報通信用語集:SIONet
http://www.ntt-review.jp/yougo/word.php?word_id=1928
○SNSを利用した地域活性化へ向けた取り組み、
じっきょう商業資料, NO96, 2014.2.10
http://www.jikkyo.co.jp/download/detail/69/9992656534
○地域コミュニティブランドサミットパンフレット
http://www.nunotech.com/file-media/
130223_summit_pamphlet.pdf
○草野翔吾監督作品:地域コミュニティブランド「nunotech」
https://www.youtube.com/
watch?v=wVPhl59eVM8&feature=youtu.be
○熊本競輪ビジネスモデルコンテスト
http://kumamotokeirin.scbrand.info/
○熊本市役所、くまもとのいいね!Vol.7:SCB放送局新市街スタジオ
https://www.facebook.com/KumamotoCity/
videos/947987471890776/?hc_location=ufi
○教員研究業績データベース
http://rsrch.ofc.sojo-u.ac.jp/sjuhp/KgApp?kyoinId=ymiogysyggy

○研究シーズ集
http://www.sojo-kyoso.com/industry/pdf/seeds77.pdf
○崇城大学星合研究室
http://www.sojo-u.ac.jp/faculty/department/information/introduction/003693.html
○地域コミュニティブランド協議会
http://www.scbrand.info/
○桐生布テク協会
http://www.nunotech.com/
○SCB放送局
http://org.scbrand.info/
○ＩＣＴ理論でまちおこし、崇城大教授らが熊本の商店街に放送局,
産経ニュース,2015.6.19
http://www.sankei.com/region/news/150619/rgn1506190047-n1.html
○熊本信金と崇城大、地域発展へ包括協定「化学反応に期待」,
産経ニュース,2017.4.25
http://www.sankei.com/region/news/170425/rgn1704250048-n1.html
○熊本信金と崇城大、地域発展へ包括協定「化学反応に期待」,
yahoo!ニュース,2017.4.25
http://conceptlab.jp/doc/170425-yahoonews.jpg
○崇城大学、ジェイコム九州、コンセプトラボと地域社会発展のための
包括的連携に関する基本協定を締結,ZDNET,2017.5.9
https://japan.zdnet.com/release/30190378/
○「地域社会発展のための包括的連携に関する基本協定」崇城大学ならびに
コンセプトラボとジェイコム九州が締結,J:COM九州,2017.5.11
https://newsreleases.jcom.co.jp/news/80628.html
○崇城大学、コンセプトラボ㈱と「地域社会発展のための
包括的連携に関する基本協定」を締結,熊本信用金庫,2017.5.15
http://kumamoto-shinkin.jp/pamph/pamp248.html
○崇城大学との地域コミュニティブランドの 番組制作・放送に関する
包括協定締結について,エフエム熊本,2013.12.9
https://fmk.fm/guide/outline/news/1312091.pdf
○経済産業省「まち元気フェス」スペシャリスト
https://www.machigenki.go.jp/565/k-1982
○崇城大学生が熊本の魅力を発信する地域情報番組『探求！肥後の爽風（そよかぜ）』
Ｊ：ＣＯＭチャンネル熊本で10月4日放送スタート！,2017.10.2,産経新聞
http://www.sankei.com/economy/news/171002/prl1710020383-n1.html

○起業で活性化　地域に基盤を　桐生,桐生タイムス,2017.12.18
https://www.jomo-news.co.jp/feature/gturn/22211
○地域コミュニティブランド　ブローカレス理論を用いた人的NWの形成,
地域創生とＩＣＴ特集論文,
日本情報経営学会誌,pp.23-pp.37,vol.36,No.3,2016.3
https://www.jstage.jst.go.jp/article/jsim/
36/3/36_23/_article/-char/ja/

参考文献

○朝日新聞(2013)「インタビュー今週のこの人」,2013.12.2
http://conceptlab.jp/publication.html
○アエラ(2004)「Winnyの先の恐怖と自律」,p24,2004.5.24
http://www.scbrand.info/article/AERA03.jpg
○ITmedia(2004)「Winny開発者逮捕で波紋,P2Pの将来に懸念も」,
2004.5.10
○ITmedia(2007)「「イトカワ」画像データを家庭PCグリッドで解析」,
2007.10.19
○ITpro(2001)「NTT研究所がP2P新技術を開発
○意味情報によるルーティングが可能に」,2001.4.27
インターネットコム(2004)「P2Pコンソシアムと「ワイン日記」,2004.12.2
○INTERNET Watch(2004)
「NTT,P2Pによる地域情報化ネットワークの共同実験を開始」,2004.4.27
○INTERNET Watch(2005)「 P2P技術とは何か
～ブローカレス理論からSNSによるファイル交換サービスまで」,2005.3.7
○FCB(2006)「FCB実行委員会」,2006.10
http://www.npokiryu.jp/fcb-com/index.html
○NHK(2013)「SCB協議会発足記者会見」,2013.11.27
○NTT(2004)「【報道発表】先進のP2P技術「SIONet」を使用した
自律分散協調型ネットワーク運用に関する共同実験を開始」,2004.4.27
○NTT技術ジャーナル(2004)「主役登場：P2Pコミュニティ開花！」
NTT技術ジャーナル,2004.3
○NTT研究開発この一年(2004)「NTT研究開発この１年＜2004年報＞
：計算機リソース仲介システム（グリッドシステム）」,2004
http://www.ntt.co.jp/RD/OFIS/active/2004pdf/h_pf/h_pf-03.html
○NTT西日本(2005)
「【報道発表】グリッドサービスの提供開始について」2005.12.21
○桐生タイムス(2004)「博報堂が参加」,2004.6.19
○桐生タイムス(2004b)「まちづくりに次世代型IT」,2004.4.28

○桐生タイムス(2008)「内閣府：地方の元気再生事業、桐生地域情報ネット選定」,
2008.7.12
○桐生タイムス(2010)「伝統文化の情報掘り起こせ」,2010.12.29
○桐生タイムス(2013)「布テクPVを制作　映画監督草野氏」,2013.02.28
○草野(2013)「想いつながる, nunotech,草野翔吾監督作品」,2013.3.1
https://www.youtube.com/
watch?v=wVPhl59eVM8&feature=youtu.be
○くまもと経済(2013)「地域活性化テーマに熊本朝日放送と番組制作,
崇城大学　10月1日に包括協定」,2013.10.15
http://www.kumamoto-keizai.co.jp/content/asp/kiji/search_list.asp
?PageID=15&wd=%90%AF%8D%87&btn=%8C%9F%8D%F5
○くまもと経済 (2014a)「地域活性化の新手法SCBを全国に配信」,
pp.181,2014.1月号
○くまもと経済(2014b)「自治体職員自らが地域の魅力を発信」,2014.11月号
○熊本競輪(2015)「熊本競輪場のバンクに3196（サイクル）
人のコミュニティを作るぞ, JKAニュース」,2015.11.25
http://www.kumamotokeirin.jp/news/3196comm/
○熊本市(2014)「【報道資料】熊本競輪活性化ビジネスモデル
コンテストについて」,2014.10.14
http://www.city.kumamoto.jp/hpKiji/pub/detail.aspx?c_
id=5&id=6722&class_set_id=3&class_id=53
○熊本市(2015a)「【報道資料】熊本競輪活性化ビジネスモデルコンテスト：
審査結果発表」,2015.1.27
http://www.city.kumamoto.jp/hpKiji/pub/detail.aspx?c_
id=5&id=7770&class_set_id=3&class_id=53
○熊本市(2015b)「平成27年度熊本市放置竹林整備モデル事業」,2015.11
○熊本日日新聞(2012)「地域コミュニティブランドを提唱 人の繋がりをブランド化」,
2012.10.22
○熊本日日新聞(2013)「SCB協議会発足、ビジネス創出狙う」,2013.11.28
○熊本日日新聞(2014a)「熊本競輪検討委員会報告書」,2014.2.20
○熊本日日新聞(2014b)「学内スタジオから放送」,2014.7.23
○熊本日日新聞(2014c)「崇城大初の女子大生社長誕生」,2014.8.6
○群馬県(2011)「繊維産業を核とした地域コミュニティブランドを生み育てる
地域づくり協働モデル事業」,2011.7
http://www.pref.gunma.jp/04/c1500215.html
○群馬県(2013)「『FB　CASE』iPad case　大賞受賞」,
平成24年度グッドデザインぐんま選定商品受賞商品,2013.
http://www.pref.gunma.jp/06/g1600307.html

○経産省(2015a)「平成27度JAPANブランド育成支援事業,
経済産業省関東経済産業局」
http://www.kanto.meti.go.jp/seisaku/chikishigen/27fy_japanbrand_saitaku.html
○経産省(2015b)「地域コミュニティブランドを用いたプラットフォーム化:
まちげんきフェススペシャリスト」,2015.1.31
https://www.machigenki.go.jp/565/k-1982
○CoA (2003)「電子情報通信学会コミュニティ活性化時限研究専門委員会を設立」,
2003.4
http://www.ieice.org/~coa/index2.html
○合志市(2013)「合志市SCBサミットレポート」,2013.2.28
http://www.city.koshi.lg.jp/kihon/pub/detail.aspx?c_id=109&id=2959
○JBF2016(2016)「渋谷ヒカリエにて
Japanブランドフェスティバル2016が開催」,2015.1.14
http://jbfes.com/
○SIONet(2008)「NTT情報通信用語集」
http://www.ntt-review.jp/yougo/word.php?word_id=1928
○情報化月間(2002)「情報化月間優秀処理システム」
http://www.meti.go.jp/policy/it_policy/gekkan/systemhyosho.pdf
○上毛新聞(2005)「ICタグで情報提供」,2005.11.6
○上毛新聞(2017)「起業で活性化　地域に基盤を」,2017.12.15
○実教出版(2014)「地域コミュニティブランドとの出会い:
SNSを利用した地域活性化の取り組み」,
じっきょう商業教育,No.96,pp.16,2014.2.10.
○商工まえばし(2012)「地域コミュニティブランド
「nunotech」,特集:共に創る」,Vo.10,pp.6-pp.8,2012.10
○成美大学(2015)「地域活性化策コンテスト田舎力甲子園〔審査結果〕」
http://uv.seibi-gakuen.ac.jp/archives/info/2015_3
○田村大(2002)「P2P型コミュニティウエアのユーザ評価」
電子情報通信学会グループウエアとネットワークサービス,
45-7,pp35.-pp.40,2002.10.24
○日経インターネットテクノロジー(2002)
「SIONetで検索効率化:NTTと愛媛県医師会が実証実験」,2002.8
○日経コミュニケーション(2005)「NTT西がグリッドサービス開始:
フレッツ利用者のPC資源使う」,2005.12.21
○日本経済新聞(2005)「100万人の電子回覧板開発」,2005.6.30
○日本経済新聞(2005a)「サーバ介さぬ通信、ICタグ活用」,2005.7.15
○日経バイト(2004)「本質から見えてくる使いどころ:
NTTが構想中の100万人の回覧板」,2004.8

○布テク(2012)「レピュテーションシステムAR」, 2012.6
https://vimeo.com/150561879
○P2PCONS(2004)「P2Pコンソシアム」, 2004.
http://www.p2p-conso.jp/
○星合隆成(2000)「御用聞き型情報提案のための自律分散照合環境アーキテクチャと
その性能評価,」電子情報通信学会論文誌(D-I),
Vol.J83-D-I, No.9, pp.1001-1012, 2000.9
○星合隆成(2001a)「意味情報ネットワークアーキテクチャ」電子情報通信学会論文誌,
Vol.J84-B, No.3, pp.411-424, 2001.3
○星合隆成(2001b)「インターネットの新潮流−非ブローカ型探索モデルと
自律分散技術」電気学会誌, 121巻, 3号, pp.178-184, 2001-3
○星合隆成(2003)「ブローカレスモデルとSIONet」電気通信協会(オーム社),
2003.7
○星合隆成(2004)「ブローカレスモデルの挑戦」電子情報通信学会誌,
Vol.87, No.9, pp.804-pp.811, 2004.9
○毎日新聞(2014)「ブローカレス理論の導入:お笑い番長」,
ふくおか探索, 23面, 2014.1.24
○Yahoo!ニュース(2015)「ICT理論, まちおこしに応用」, 2015.6.19
http://conceptlab.jp/yahoonewsseihonn.pdf
○47行政ジャーナル(2012)「SNSは自治を変えることができるのか
日本フェイスブック学会から地域コミュニティブランド」, 2012.11.28
○読売新聞(2004)「新技術の情報ネットでコミュニティ作り:
SIONet「ワイン日記」桐生地域で実験」, 2004.5.29
○読売新聞(2012)「織部で交流 感性と技術」, 関東版, 2012.8.19
○読売新聞(2013a)「商品開発に外部の発想, 識者提唱 地域コミュニティブランド」,
九州版, 2013.2.17
○読売新聞(2013b)「合志市がシンポ, モノづくりを通じ地域活性目指す」,
九州版, 2013.5.26
○読売新聞(2015)「くまもと人物語 地域活性化へスタジオ開設」, 2015.5.11
○Hoshiai(2010)「SEMANTIC INFORMATION NETWORK」
United States Patent, Patent No.US 7,702,744 B2, 2010.4.20

取得特許

1. 2000/05/12 周期処理方法（3063015）
2. 2001/03/16 タスクスケジューリング方法（3169316）
3. 2004/04/02 高信頼イベント配送方法及びその装置（3540253）
4. 2004/06/25 要求応答型の無限長データ通信方法（3569114）
5. 2004/07/02 コンテンツ情報流通網、処理方法、及び記憶媒体（3571604）
6. 2004/07/02 意味情報ネットワーク、意味情報スイッチ、意味情報ルータ、意味情報ゲートウエイ、イベントルーティング方法、およびイベントルーティング装置（3571632）
7. 2004/08/27 イベントルーティング方法、およびイベントルーティング装置（3589965）
8. 2005/07/25 意味情報ネットワークアーキテクチャ（10-0505265）
9. 2005/09/22 エンティティ装置、情報公開システム、方法、記録媒体及びプログラム（3723127）
10. 2005/09/22 エンティティ装置、名称付与方法、記録媒体及びプログラム（3723126）
11. 2005/10/21 意味情報スイッチ、意味情報ルータ、方法、記憶媒体、プログラム（3732762）
12. 2006/03/17 エンティティ装置、組み込みシステム、方法、記録媒体及びプログラム（3782345）
13. 2006/04/14 エンティティ装置、リプライ通知制御方法、リプライ通知制御プログラム及びその記憶媒体（3792664）
14. 2006/05/12 エンティティ装置、代替エンティティ探索方法、及び、代替エンティティ探索プログラム並びにその記憶媒体（3803329）
15. 2006/06/30 エンティティ装置、障害回復方法、及びコンピュータプログラム（3822178）
16. 2006/08/25 エンティティ装置、シェアードリンク再確立方法、シェアードリンク再確立プログラム及びその記憶媒体（3844747）
17. 2006/09/08 エンティティ装置、アドホックネットワーク構築方法及びアドホックネットワーク構築プログラム並びにその記憶媒体（3850378）
18. 2006/09/08 意味情報ネットワークの構築方法および意味情報ネットワークシステム並びにプログラム（3850379）
19. 2007/02/02 意味情報ネットワークにおけるデータ検索方法および意味情報ネットワークシステム並びにプログラム（3910550）
20. 2007/04/20 エンティティ装置、イベント転送制御方法、イベント転送制御プログラム及びその記憶媒体（3946658）
21. 2007/06/22 アドバタイズメント方法、通信システム、エンティティ装置、およびそのコンピュータプログラムならびにその記憶媒体（3974158）

22. 2007/06/22 イベントバスの波及方法、アドバタイズメント方法、
    シェアードリンク設定方法、通信システム、エンティティ装置、
    およびそのコンピュータプログラムならびにその記憶媒体（3974357）
23. 2007/06/22 エンティティ装置、ピュア認証装置、
    シェアードリンク制御方法、トラスト制御方法及び
    シェアードリンク制御プログラム並びにその記憶媒体（3974054）
24. 2007/06/29 意味情報スイッチ、意味情報ルータ、方法、記憶媒体、
    プログラム（3977387）
25. 2007/06/29 意味情報スイッチ、意味情報ルータ、方法、記憶媒体、
    プログラム（3977388）
26. 2007/06/29 意味情報スイッチ、意味情報ルータ、方法、記憶媒体、
    プログラム（3977389）
27. 2007/07/13 エンティティ装置、リンク再確立方法、
    及びコンピュータプログラム（3983187）
28. 2007/07/20 エンティティ装置、サービス共有方法、
    及び、コンピュータプログラム（3987817）
29. 2007/10/19 エンティティ装置、コミュニティ探索方法、
    及び、コンピュータプログラム（4028429）
30. 2007/12/11 意味情報ネットワークアーキテクチャ（CA2401982C）
31. 2007/12/28 意味情報スイッチ、意味情報ルータ、方法、記憶媒体、
    プログラム（4060325）
32. 2008/08/15 意味情報スイッチ、意味情報ルータ、方法、記憶媒体、
    プログラム（4170322）
33. 2008/09/03 意味情報ネットワークアーキテクチャ（CN100417130C）
34. 2009/04/01 意味情報ネットワークアーキテクチャ（CN100474835C）
35. 2010/04/20 意味情報ネットワークアーキテクチャ（US7702744B2）
36. 2010/06/29 意味情報ネットワークアーキテクチャ（US7747697B2）
37. 2013/04/10 意味情報ネットワークアーキテクチャ（EP1267527B1）
38. 2014 意味情報ネットワークアーキテクチャ（DE1267527）
39. 2014 意味情報ネットワークアーキテクチャ（FR01267527）
40. 2014 意味情報ネットワークアーキテクチャ（GB01267527）
41. 2014 意味情報ネットワークアーキテクチャ（IT1267527）
42. 2014/09/17 意味情報ネットワークアーキテクチャ（EP2383943B1）
43. 2015 意味情報ネットワークアーキテクチャ（DE2383943）
44. 2015 意味情報ネットワークアーキテクチャ（FR02383943）
45. 2015 意味情報ネットワークアーキテクチャ（GB02383943）
46. 2015 意味情報ネットワークアーキテクチャ（IT2383943）

つながりを科学する
地域コミュニティブランド

発行日	2018年10月31日 第1刷発行
	2019年 3 月31日 第2刷発行
著者	星合隆成
発行者	小黒一三
発行所	株式会社木楽舎
	〒104-0044
	東京都中央区明石町11-15
	ミキジ明石町ビル6階
印刷・製本	シナノ印刷株式会社

©Takashige HOSHIAI Printed in Japan
ISBN978-4-86324-128-2
乱丁・落丁本の場合は木楽舎宛にお送りください。
送料当社負担にてお取り替えいたします。
本書の無断複写複製(コピー)は、特定の場合を除き、
著作者・出版社の権利侵害になります。